Las reglas de oro para vivir y prosperar

Fan Li

Las reglas de oro para vivir y prosperar

Edición de
Ana Aranda Vasserot
y Daniel Tubau

ariel Quintaesencia

Primera edición: febrero de 2026

Avda. Diagonal, 662-664, 08034 Barcelona
Editorial Ariel es un sello editorial de Planeta, S. A.
www.ariel.es
www.planetadelibros.com

ISBN: 978-84-344-4018-0
Depósito legal: B. 227-2026

Impreso en España

A Adolfo y a Jia Yang
por sus buenos consejos y su amistad

ÍNDICE

Segunda parte
ECONOMÍA Y COMERCIO EN LA ANTIGUA CHINA

Tercera parte
LAS DOCE REGLAS DE ORO

PRIMERA PARTE

Los muchos nombres de Fan Li

MILLONARIO POR ELECCIÓN

Si le preguntamos a cualquier billonario cómo triunfó en los negocios, es muy probable que nos diga que se arruinó varias veces y que tuvo que volver a crear su fortuna a partir de cero. Quizá haya algo de fabulación en esta orgullosa presunción del fracaso que repiten los grandes emprendedores, y tampoco debemos olvidar que nadie entrevista a los que se arruinaron definitivamente, aunque es bastante razonable que quien ha sabido acumular riqueza sea capaz de hacerlo de nuevo, sobre todo si su familia ya era rica cuando nació. Nuestro protagonista, Fan Li, uno de los primeros comerciantes de la historia, era de origen humilde. Pudo gobernar un estado, pero optó por el anonimato y el amor. Cambió de identidad y consiguió amasar una fortuna, ahora lejos de la política, pero renunció a ella. Finalmente, con otra identidad, consiguió convertirse otra vez en millonario.

Ser el primero en algo, sin duda, tiene cierto valor, pero el mérito de Fan Li es que logró enriquecerse al menos en tres ocasiones, en una época en la que el oficio de comerciante no estaba bien visto. Sucedió hacia el año 500 antes de nuestra era.

Su historia es tan asombrosa que parece la de un personaje de ficción. Sin embargo, aunque muchos detalles de su vida nos parezcan dudosos, porque todas las fuentes son muy posteriores a la vida de Fan Li, es seguro que se trata de una figura histórica. Los cronistas nos ofrecen incluso la fecha de su nacimiento, el año 517 a. C., varios siglos antes de que China fuera unificada por Qin Shi Huang, el Primer Emperador, hoy universalmente conocido por los guerreros de terracota que custodian su tumba. En cuanto a la fecha de su muerte, no tenemos ninguna certeza: no se sabe cómo, dónde ni cuándo murió.

Fan Li, por lo tanto, no es chino, puesto que China no existía todavía. Lo mismo sucede con los sabios «chinos» más conocidos, como Confucio, el taoísta Lao Tse, el humanista Mencio, el guerrero pacifista Modi y el más célebre estratega de todos los tiempos, Sun Tzu.

A pesar de su origen humilde, Fan Li llegó a ser ministro y consejero de Yue, uno de los estados más importantes de la época. Logró alcanzar este estatus porque los sabios, los estrategas y los intelectuales, es decir, cualquier hombre de talento, eran bienvenidos en las cortes de los gobernantes ambiciosos, que empleaban a todo el que les pudiera aconsejar acerca de cómo tenían que enfrentarse a las amenazas e intrigas de su propia corte y de los estados rivales. Fan Li, debido a su sabiduría, llegó a situarse *a la izquierda* del rey Goujian de Yue, es decir, se convirtió en lo que hoy podríamos llamar su primer ministro.

Ahora bien, si queremos responder a la pregunta «¿a qué se dedicaba Fan Li?», la respuesta resulta interminable: era un hombre de Estado, un estratega militar que quizá venció ni más ni menos que a Sun Tzu, un inventor, un diplomático elocuente y un economista, además del fundador de los negocios comerciales en China. Se considera que fue el hombre más rico de toda la historia china, capaz, como ya sabemos, de hacer tres veces una fortuna que se ha comparado con la de Bill Gates, Warren Buffett o Elon Musk. También, en contra de la imagen tópica del malvado capitalista, se lo admira porque fue un comerciante ético y un filántropo. Por si eso no bastara, se le relaciona con Xi Shi, una de las «cuatro bellezas chinas», a la que el estratega utilizó para debilitar al poderoso rey de Wu, y de la que se enamoró.

No obstante, si preguntamos a cualquier chino acerca de Fan Li, lo más probable es que nos diga que su fama se debe a que fue el artífice de la venganza más conocida de la historia de China, cuando convenció al rey Goujian para que soportaran juntos durante años la humillación y la esclavitud, en espera del momento oportuno para ajustar cuentas con el rey de Wu. La venganza incluía una serie de complejas estrategias, desde mejoras económicas y agrícolas para asegurar la autosuficiencia de su estado, a tácticas y maniobras para que su rival dependiera de Yue. Un doble juego que fue calculado hasta el último detalle y en el que muchos han querido reconocer la lejana inspiración de las prácticas comerciales que emplea China hoy en día, y que consisten en generar dependencia en todo tipo de bienes y recursos, así como en controlar sectores estratégicos como la energía.

La historia de la venganza del rey Goujian de Yue, y del romance de Fan Li con Xi Shi, ha sido adaptada al cine, la ópera y la literatura. La expresión «acostarse sobre un lecho de ramas y probar la bilis» refleja vívidamente las humillaciones que soportó el rey Goujian, que fue obligado a vivir con su esposa en un establo, y, día tras día, tuvo que realizar tareas de limpieza denigrantes. Aconsejado por Fan Li, bebía diariamente la bilis de un animal, lo que le ayudaba a mantener vivo su resentimiento y determinación. Hoy en día, esta expresión se utiliza en China para hablar de la resiliencia ante las adversidades y de la disciplina para alcanzar metas a largo plazo. Durante más de un siglo, los chinos la han repetido para no olvidarse de las humillaciones sufridas por parte de las potencias occidentales en el siglo XIX, y de Japón en el siglo XX.

Hoy en día podríamos decir que, tras probar la bilis y dormir en un lecho de ramas durante décadas, los chinos casi han conseguido vengarse de todas esas humillaciones.

Después de sus éxitos como estratega militar y de lograr que el rey Goujian de Yue alcanzará la hegemonía absoluta, Fan Li desapareció de la escena política. También en esto supo elegir el momento oportuno, porque era consciente de que, tarde o temprano, llegaría la inevitable decadencia, y que su propia vida y la de su amada Xi Shi corrían peligro. En los próximos capítulos conoceremos con detalle la fascinante historia de Fan Li como consejero y estratega, pero primero nos acercaremos a sus ideas.

LAS REGLAS DE ORO PARA EL ÉXITO EN LA VIDA Y EN LOS NEGOCIOS

Se atribuye a Fan Li la autoría de las *Reglas de oro para el éxito en los negocios*.[1] Aunque este título nos invita a pensar en economía y comercio, estas reglas se han aplicado en cualquier ámbito imaginable, desde la psicología a la política, desde el deporte a las relaciones sociales. Lo mismo sucede con otros clásicos chinos, como el *Libro del Tao* (*Laozi*) o *El arte de la guerra*. Veamos algunos ejemplos de este carácter transversal, tan presente en el pensamiento chino.

La primera regla de Fan Li nos dice que el comerciante debe conocer la psicología de los clientes, entender cómo piensan y qué desean, sin dejarse engañar por sus propias opiniones y prejuicios. Esta idea coincide con las teorías del psicólogo Daniel Kahneman, premio Nobel de Economía en 2002, que estudió la toma de decisiones en momentos de crisis y puso de relieve que una de las razones fundamentales de las crisis económicas son las malas decisiones tomadas por confiar en exceso en la intuición desinformada, así como el desconocimiento de la psicología de los clientes y consumidores. Kahneman y su colega Amos Tversky demostraron que, en contra de la teoría económica clásica, el sujeto económico no es un ente puramente racional, que actúa revisando datos y calculando fríamente beneficios y pérdidas, sino que a menudo se ve influido por pasiones, prejuicios y gustos subjetivos. Se atribuye a Kahneman, Tversky y economistas como Richard Thaler la creación de la economía psicológica, o economía conductual, pero no cabe duda de que Fan Li se anticipó a todos ellos en más de dos mil quinientos años.

Otra de las reglas de Fan Li consiste en mantener la atención, tanto en los negocios como en la vida. Esta idea, que Fan Li ejemplifica en diversos momentos de su actividad política y económica aparece reflejada en libros modernos de desarrollo personal como *Céntrate* de Cal Newport o *Hábitos atómicos* de James Clear, obras que intentan combatir la distracción y la falta de concentración.

Por otra parte, Fan Li ofrece consejos sobre liderazgo y aspectos económicos específicos, como el control del crédito, e insiste en que es fundamental gestionar el flujo de caja, uno de los mayores desafíos para los emprendedores que deciden crear su propio negocio. En definitiva, *Las reglas de oro* es un clásico de la literatura china, que ha despertado el interés del público internacional, del mismo modo que otros clásicos chinos, como *El arte de la guerra* y *Las 36 estratagemas*, porque sus consejos transcienden el ámbito económico y pueden aplicarse en otros escenarios y situaciones, como el marketing, el liderazgo, la psicología, la educación y la vida social.

En esta versión inédita en español, hemos traducido no solo las 12 reglas, sino también las 12 salvaguardas, las 16 enseñanzas y otras 18 normas que se atribuyen a Fan Li. Eso sí, como veremos, salvo las doce reglas, en muchos casos su autoría es bastante dudosa.

Hemos considerado necesario añadir anécdotas, ejemplos y consejos, tanto de China como de otras culturas, aunque sin ningún afán enciclopédico o académico, impulsados tan solo por el rigor necesario que requiere un libro que pretende acercar al lector de habla española a la fascinante vida y obra de este hombre extraordinario, que vivió en una época de enorme brutalidad y, al mismo tiempo, de una refinada cultura, que se enfrentó y venció a grandes estrategas y que urdió, junto al rey Goujian de Yue, una sofisticada venganza, comparable a la del conde de Montecristo, con la notable diferencia de que la de Fan Li fue real.

ENTRE LA HISTORIA Y LA LEYENDA

> Fan Li emigró tres veces, y en cada una alcanzó fama en todo el mundo; no se marchó por capricho, pero allá donde fue, logró hacerse un nombre.[2]

Nada de lo que contamos aquí puede afirmarse con absoluta certeza. No existe, al menos en este caso, una verdad histórica incuestionable. Pocas de las anécdotas, situaciones y peripecias de nuestro protagonista han podido ser verificadas por los historiadores. Fan Li es comparable a un Jesucristo, un Buda, un Homero, un rey Arturo o al rey sabio Salomón.

Fan Li existió, de acuerdo, pero tras su muerte se convirtió en una leyenda.

Es cierto que aparece en libros históricos como el *Shiji*, de Sima Qian, a quien se conoce como el Heródoto chino, un insigne cronista que conservó mucho de lo que sabemos de la antigüedad china. No obstante, los griegos se referían a Heródoto como «el padre de la historia», pero también como «el padre de la mentira». ¿Podríamos decir lo mismo de Sima Qian?

Hay razones a favor y razones en contra, pero eso no nos inquieta demasiado, porque, aunque mucho de lo que se dice de ellos pertenece más a la leyenda que a la historia, lo que es indudable es que, sea cual sea su grado de realidad histórica, Jesucristo, Buda y Homero han influido en cómo vivimos, en cómo tratamos a los demás y en cómo contamos historias. Fan Li también ha dejado su huella, aunque, actualmente, muchos no conozcan su nombre, salvo que sean economistas curiosos o tengan un cierto conocimiento de la cultura china. Incluso en su país es frecuente que se recuerde a Fan Li más como un estratega que como un comerciante o un economista. Se le atribuye la victoria sobre Wu, un reino[3] poderoso que pretendía unificar lo que trescientos años después sería China. Si esta aventura fuera cierta, entonces no cabe duda de que Fan Li influyó de manera decisiva en la historia, al menos en la de China tal como hoy la conocemos.

También se piensa en Fan Li como un hombre afortunado, porque, como hemos dicho, fue amado por una de las cuatro mujeres más bellas de la historia, Xi Shi. A ambos se los recuerda enamorados, ya lejos de los horrores de la guerra y de las intrigas de la política, meciéndose dulcemente en una barca de pescadores.

Desde que Deng Xiaoping, el artífice de la prosperidad china de las últimas décadas, animó a los ciudadanos a ganar dinero con la proclama «Ser rico es glorioso», los chinos no solo han logrado dejar atrás la pobreza extrema, sino que algunos de ellos se han convertido en el modelo a seguir a la hora de emprender grandes negocios. Fan Li se anticipó en cientos o miles de años a su tiempo y muchas de sus lecciones siguen aplicándose hoy en día y son estudiadas en las universidades por los futuros economistas. No solo por avaricia o deseo de riqueza, sino, como hemos señalado, porque se lo considera un comerciante y un economista «ético», tal como veremos al leer sus reglas.

Como el poeta portugués Fernando Pessoa, Fan Li tiene muchos nombres. En Chu, su tierra de nacimiento, era conocido como Fan Bo, aunque su nombre de cortesía era Shaobo. Años después, cuando ya era primer ministro del reino de Yue, se convirtió en Fan Li. Tras retirarse, se dirigió al estado de Qi, donde adoptó el nombre de Chiyi Zipi (también nombrado como Ou Yi Zipi), que significa «bolsa de cuero para el vino». Más tarde se trasladó a Tao, un importante centro comercial, donde se hizo inmensamente rico y pasó a ser conocido como Tao Zhugong. Esta costumbre de desplazarse y cambiar de identidad se recuerda en la tradición como sus «tres movimientos», pues alcanzó renombre en cada uno de ellos.

Y como si eso fuera poco, los chinos adoran literalmente a Fan Li y lo identifican con Cai Shen, el dios de la riqueza y el bienestar, a quien se invoca para atraer prosperidad y felicidad.

Todos estos nombres se corresponden con sus diferentes vidas, que enseguida conoceremos, pero primero situémoslo en su época.

CUALQUIER TIEMPO PASADO... FUE DIFERENTE

¡Cuán grande fue el duque de Zhou! Yo sueño con él.

CONFUCIO

Nos hallamos en una época de decadencia, pero ¿qué época no lo es?

La gran dinastía Zhou se ha derrumbado. Todavía gobierna un emperador Zhou, pero tan solo de manera simbólica, pues su poder se limita a legitimar a este o aquel gobernante, nombrándolo hegemón, algo así como rey entre los reyes, semejante pero no idéntico a lo que en la Edad Media europea era el *primus inter pares* ('el primero entre los iguales').

La época gloriosa de la dinastía Zhou fue para Confucio el ideal político y social, el modelo que se debía seguir, una época en la que los caballeros eran perfectos y los reyes excelentes monarcas, donde prevalecían la armonía y la paz social. El rey Wen de los Zhou, a quien se atribuye haber reordenado el *I Ching* durante los largos años que pasó en prisión, se enfrentó a la dinastía anterior, la de los Shang, pero fue su hijo Wu quien los venció, con ayuda de su hermano, el duque de Zhou, el hombre al que más admiraba Confucio.

Sin embargo, los historiadores señalan una fecha fatídica, el año 770 a. C., cuando los Zhou, al ser atacados por poderosas tribus bárbaras, se vieron obligados a trasladar su capital al este, en Luoyang, donde comenzó la época de los Zhou Orientales, que, como ya hemos dicho, se consideró un periodo de decadencia, a pesar de que fue en esa época donde se concentran casi todos los grandes pensadores de la China antigua: Confucio, Mencio, Lao Tse, Chuang Tzu, Xunzi, Han Feizi, el estratega militar y filósofo Sun Tzu y, por supuesto, Fan Li.

En cualquier caso, el declive del poder Zhou desencadenó una época de luchas y guerras de conquista, que primero se llamó de Primaveras y Otoños y después de Estados Combatientes. Fue un periodo marcado por la fragmentación política y las luchas entre estados. El estado que lograba imponerse podía exigir tributos a los más pequeños, lo que despertó una codicia insaciable que inevitablemente condujo a la guerra, aunque el uso del hierro permitió que se fortalecieran los estados más pequeños y, en consecuencia, que se incrementaran las contiendas.

En cualquier caso, el antiguo sistema político de los Zhou, basado en el gobierno de clanes familiares y aliados comenzó a desmoronarse y el emperador quedó reducido a una figura meramente simbólica, si bien todavía con un prestigio indiscutible, lo que le permitía arbitrar en disputas territoriales entre estados. Podríamos comparar su poder con el que gozaron durante siglos los papas, quienes, desde el pequeño estado de Roma, decidían qué rey europeo merecía el título de Emperador del Sacro Imperio Romano Germánico, o bien trazaban los límites territoriales de las conquistas de España y Portugal en América.[4]

UNA ÉPOCA CONVULSA: LOS ESTADOS COMBATIENTES

Antes de continuar con nuestro protagonista, conviene ofrecer una rápida visión de la época en la que vivió. El territorio de lo que con el tiempo sería China se dividía en decenas de estados, algunos muy poderosos, otros pequeños feudos dependientes de las grandes potencias.

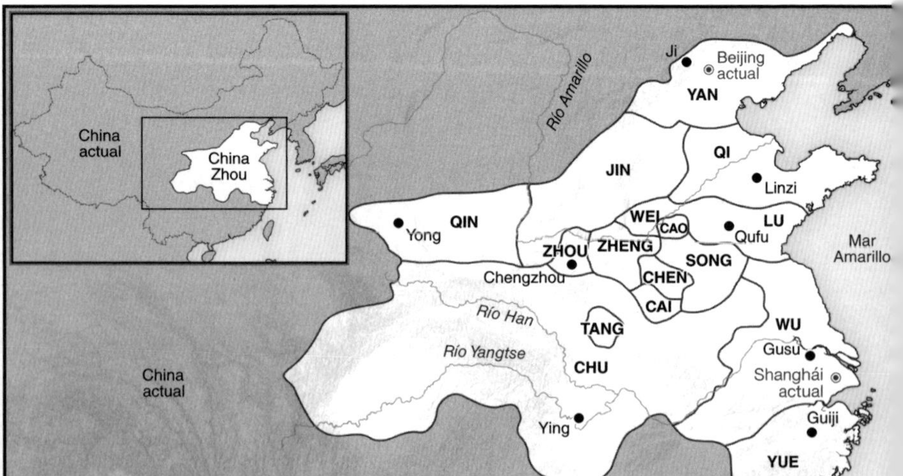

Qi, el estado del arte militar

En esta época tres estados destacaban sobre los demás: Qi, Jin y Chu.

El estado de Qi (que no debe confundirse con Qin), ocupaba el norte del país, y cuando cayeron los Zhou occidentales en el 771 a. C, era el que mejor dominaba el arte militar. Sin embargo, en tiempos de Fan Li atravesó un periodo de debilidad a causa de las luchas internas por la sucesión.

Qin, un actor secundario que luego será crucial

Qin también era un estado relevante y combativo desde el periodo de Primaveras y Otoños, aunque su poder alcanzaría su punto álgido mucho más tarde, al final de los Estados Combatientes, cuando sus reformas y su potencia militar le permitieron imponerse al resto y, finalmente, unificar China.

Jin, el estado de la diplomacia

El reino de Jin basaba su prestigio en que conservaba las costumbres y la tradición de los Zhou, además de destacar por su gran sabiduría diplomática. Jin figuró entre los grandes hegemones del periodo, con una fuerza militar considerable y una capacidad para mediar en conflictos entre los estados centrales.

Chu, el gran estado del sur

En cuanto a Chu, el gran estado del sur y lugar de nacimiento de Fan Li, era un territorio inmenso que no dejó de expandirse hacia el norte. Para los estados centrales, tenía algo de enigmático y también de inquietante: lo consideraban un mundo aparte, casi bárbaro, alejado de la ortodoxia Zhou. Buena parte de esa imagen procedía de su propia topografía, un país atravesado por grandes ríos y cordilleras boscosas que alimentaban una espiritualidad muy ligada al agua, a las montañas y a los espíritus que se creía que habitaban en ellas. Sus ritos y ceremonias ejercían una fuerte impronta chamánica. Esa mezcla de poder, exotismo y distancia cultural convertía a Chu en un actor temido y respetado a la vez, un gigante meridional que fascinaba por su fuerza y desconcertaba por sus costumbres.

Wu, un estado bárbaro con linaje Zhou

Para los estados del norte de China, Wu era un reino bárbaro, pero sus reyes presumían de contar entre sus antepasados con Taibo, tío del rey Wen, el fundador de la dinastía Zhou. Hoy en día se cree que los habitantes de Wu hablaban una lengua diferente a la china, quizá una lengua sino-tibetana, austronesia o *kradai*, familia a la que pertenece el tailandés.

Yue, el estado de adopción de Fan Li

El estado de Yue sí se consideraba completamente bárbaro, pues ni siquiera pertenecía a la confederación de reinos, ducados o feudos vinculados a los Zhou. Se ha pensado que su población original estaba emparentada con los pueblos *viet*, y es cierto que en las piezas arqueológicas encontradas como hermosas tallas en madera, parece reconocerse un estilo muy distinto al de los estados Zhou de la llanura central, que los llamaban pueblos Bai Yue (Cien Yue). También se ha apuntado que había estrechas relaciones entre los antiguos Yue y Taiwán, Japón, las islas Ryūkyū (como Okinawa) e incluso Polinesia. En todas estas culturas existen rasgos similares, como los tatuajes o la perforación de las orejas, costumbres que también eran comunes en Wu y que los chinos consideraban una práctica bárbara, por atentar contra el cuerpo, considerado una herencia de nuestros padres. El propio rey Goujian, del que hablaremos más adelante, tenía tatuajes. Sin embargo, según cuenta una tradición, Yue había sido fundado por una figura legendaria y muy admirada por los chinos, Yu el Grande, uno de los emperadores de la época Xia, una antigua dinastía que habría gobernado sobre un amplio territorio, antes de que fuera vencida por los temibles guerreros Shang. Hoy en día, cada vez más historiadores chinos consideran histórica la dinastía Xia, aunque su existencia todavía es objeto de debate entre los estudiosos occidentales. Otra tradición cuenta que el estado de Yue fue creado por el clan Mi, emparentado con la casa real de Chu, pero que con el tiempo se independizó.[5]

El lector debe recordar estos estados del sur: Chu, Wu y Yue. Todos ellos considerados por los historiadores chinos como pueblos extranjeros o de costumbres bárbaras, son decisivos en la biografía de Fan Li. Chu fue el lugar que lo vio nacer; Wu, el estado al que tuvo que enfrentarse; y Yue, aquel que lo acogió y donde alcanzó por primera vez la popularidad.

FAN BO EN EL REINO DE CHU

> Como nunca había tenido nada bueno para comer o beber, Fan Bo pensaba que todo tipo de cosas insípidas eran deliciosas; como nunca había tenido un lugar cómodo para vivir, estaba feliz con los lugares más básicos.[6]

Se cree que Fan Li nació en la aldea de Sanhu, en el distrito de Wan, perteneciente al estado de Chu. Su niñez y juventud fueron difíciles porque pronto perdió a sus padres y tuvo que vivir con su hermano y su cuñada.

Se dice que, de pequeño, cuando todavía se llamaba Fan Bo, se interesó por los textos clásicos, y que leyó el *Shujing* o *Clásico de los Documentos*, el *I Ching* (*Yijing*) o *Clásico de los cambios*, y el *Shijing* o *Clásico de las canciones*. Los tres libros forman parte del llamado canon confuciano, porque Confucio los conservó para que no se perdiera la sabiduría de los Zhou, una de las dinastías más admiradas en China. Sin embargo, aquí nos topamos con un problema.

Confucio y Fan Li vivieron casi en la misma época, de modo que es bastante improbable que este leyera las versiones confucianas de los libros de los Zhou.[7] Es preciso tener en cuenta, además, que se cree que ni siquiera fue Confucio quien editó esas antologías de la sabiduría Zhou, sino que lo hicieron sus discípulos, quizá doscientos años después.

Lo que sí pudo escuchar o leer Fan Bo fueron las canciones de los Zhou, que Confucio o sus seguidores recopilaron en el *Shijing* o *Libro de las canciones*. Una de ellas menciona con entusiasmo la captura de peces:

En el sur hay peces magníficos que se mecen en el agua.
Los caballeros disfrutan del vino y los invitados
son agasajados con alegría.

Podemos fabular con que el niño Fan Bo leyó este poema y que años más tarde, al recordarlo, se le ocurrió inventar la piscicultura, ya que se conservan amplios fragmentos de su *Tratado de piscicultura*.

Los historiadores chinos, menos cautos o más imaginativos que nosotros, aseguran que el joven Fan Bo, gracias a la lectura de todos esos libros, adquirió un conocimiento profundo del arte de gobernar y de cómo se había transmitido el poder a lo largo de las tres primeras dinastías chinas: Xia, Shang y Zhou. Aunque oscilemos entre la duda y la certeza, veamos a continuación lo que pudo aprender en estos o en otros libros.

El *Shujing* o *Clásico de los documentos* era un libro fundamental para los estrategas y militares chinos, entre otras razones porque en él se desarrolla el concepto del Mandato del cielo o Tianming[8] que asegura que un poder celeste mantiene al gobernante en el mando. Y de la misma manera que lo mantiene, puede hacerlo caer si no se comporta de manera justa. El *Shujing* justifica las guerras de conquista, que fueron el telón de fondo de la vida de nuestro héroe y también la causa de su éxito.

En cuanto al *I Ching*, su origen es un oráculo antiquísimo que ya se empleaba en la época de los Shang, como demuestran decenas de miles de caparazones y plastrones[9] de tortuga colmados de presagios.

El joven Fan Bo tenía una personalidad tan rebelde que muchos lo consideraban un loco, ya que sentía aversión hacia las convenciones sociales. Algunas crónicas aseguran que ladraba como un perro para alejar a cualquiera que se le acercara. Sin embargo, un perspicaz magistrado llamado Wen Zhong se dio cuenta de que la locura de Fan Bo era un signo de inteligencia e inconformismo, y quizá del temor que tenía a que descubrieran que era un sabio, porque aquellos eran tiempos demasiado turbulentos en el estado de Chu. Wen Zhong logró hacerse amigo suyo y lo convenció de que debían abandonar su reino natal en busca de gobernantes que supieran apreciar su talento.

LOS CONSEJEROS ERRANTES

> Los dos estados de Wu y Yue tienen las mismas costumbres y hábitos similares, y se encuentran en la misma región, por lo que todo es más o menos lo mismo.
>
> Fan Li en
> «El registro de Fan Bo»[10]

Cuando decidieron salir de Chu, el primer destino de Wen Zhong y Fan Bo fue el vecino estado de Wu, el reino bárbaro con supuesto linaje Zhou. Allí gobernaba Helü, que había alcanzado el poder de una manera que nos recuerda la primera parte de la película *El Padrino*, cuando Michael Corleone mata, durante una comida de supuesta confraternización, a un policía y a un mafioso, tras pedir permiso para ir al servicio y hacerse allí con una pistola que los suyos han escondido en la cisterna del retrete. De manera semejante, el rey Helü alcanzó el poder, cuando se ausentó en mitad de un banquete para visitar las cocinas y esconder un puñal en el interior de un gran pescado que se iba a servir. De ese modo logró que un asesino, al que había contratado previamente, dispusiera de un arma con la que matar al rey.

Poco después de alcanzar el poder en Wu, Helü atacó Chu, en el año 512 a. C., pero los combates se prolongaron sin un claro vencedor hasta que, en el año 506, Helü puso al mando de su ejército al príncipe Fuchai, que, según dicen algunos, era su hermano y, según otros, su hijo. Se cuenta que lo acompañaba el gran estratega Sun Tzu, lo que quizá explica que la campaña resultara victoriosa. Fuchai no solo recuperó algún pequeño territorio en disputa, sino que conquistó incluso la capital de Chu, desobedeciendo las órdenes de Helü, que le había ordenado que regresara con el ejército a Wu. Ante el éxito indiscutible, Helü no sentenció a muerte al desobediente Fuchai sino que lo nombró heredero, aceptando el consejo de su sagaz ministro Wu Zixu, quien en esta ocasión se equivocó, como veremos más adelante.

Una vez neutralizado el poderoso estado de Chu, Helü decidió atacar Yue, ese otro pequeño estado colindante del sur que consideraba insignificante y que, pese a ser su rival, compartía con Wu más rasgos culturales que con los estados de la llanura central, como el tatuaje y el pelo corto. Vulnerando de nuevo uno de los mayores juramentos de cualquier gobernante honesto, el de respetar los funerales de un rival, aprovechó la muerte del rey de Yue para atacar, convencido de que el joven heredero Goujian sería una presa fácil. Sin embargo, Goujian sorprendió a Helü con una estratagema insólita: liberó a cientos de condenados a muerte y les ordenó que se cortaran el cuello delante del desconcertado ejército de Wu, que no supo cómo reaccionar. La distracción permitió a Goujian desplazar discretamente a sus tropas, que atacaron desde los flancos al ejército de Wu. Helü ordenó la retirada, pero fue alcanzado por una flecha en un pie; la herida se le infectó y le provocó la muerte, muy parecida a la del héroe griego Aquiles. Antes de morir, el rey le hizo prometer a Fuchai que se vengaría de Goujian. El consejero Wu Zixu fue testigo del juramento, y se vio obligado a recordárselo siempre al nuevo rey Fuchai.

La presencia del célebre Wu Zixu en Wu era demasiada competencia para dos extranjeros desconocidos como Fan Bo y Wen Zhong, así que los dos amigos prefirieron seguir su viaje y se encaminaron hacia el vecino reino de Yue. Una versión diferente cuenta que Fan Bo y Wen Zhong trabajaron desde el principio para Yue, y que su estancia en Wu fue para espiar al enemigo y trasmitir información que los convirtiera en indispensables en la corte de Yue.

Fan Bo y Wen Zhong llegaron finalmente al estado de Yue, pero no fueron recibidos con honores ni tampoco invitados a sentarse cerca del rey, ya que, tras una breve entrevista con el ministro Shi Mai, fueron rechazados. Sin embargo, en lugar de marcharse, decidieron quedarse y estudiar el terreno y las tradiciones de Yue.

No sabemos en qué momento Fan Bo y Wen Zhong se convirtieron en consejeros en Yue, pero es probable que ya lo fueran cuando Goujian subió al poder, quizá porque lo habían conocido cuando todavía era príncipe. Un indicio claro es que Fan Li se menciona como el general que dirigió a las tropas de Goujian contra el rey Helü de Wu:

> Fan Li levantó un ejército y luchó en Jiuli, y entonces el rey Helü fue alcanzado por una flecha voladora.[11]

Cuando, tras la muerte de Helü, Goujian quiso devolver la traición y aprovechar también los funerales de Helü para atacar Wu, Fan Bo le desaconsejó el ataque, sin duda porque sabía que Fuchai no era un joven inexperto, sino un general que contaba con la ayuda del estratega Sun Wu (Sun Tzu) y que podía presumir de la conquista de la capital de Chu. Pero Goujian, también joven e impulsivo, no le hizo caso y decidió invadir el reino enemigo. La derrota, en la batalla de Kuaiji, fue absoluta y el estado de Yue quedó a merced de Wu.

FAN BO SE CONVIERTE EN FAN LI

> Fan Li era tan clarividente que podía parecer ciego, con un oído tan agudo que podía parecer sordo.[12]

No sabemos en qué momento Fan Bo cambió de nombre, pero cuando el rey Goujian fue derrotado comienza la gran leyenda de Fan Li, quien demostró su capacidad como estratega en el terreno político, revelando una visión a muy largo plazo.

Junto con su amigo Wen Zhong convenció a Goujian de que debía convertirse en esclavo de Fuchai.

Goujian aceptó seguir el plan y se doblegó ante el rey de Wu, mostrando sumisión absoluta. El consejero Wu Zixu protestó y advirtió a Fuchai del peligro de no matar a la serpiente cuando todavía era pequeña, pero un consejero traidor, Bo Pi, sobornado por Wen Zhong y Fan Li, convenció al rey para que le otorgase el perdón, recordándole una tradición según la cual un rey que no ejerce la misericordia se hace merecedor de un destino fatal.

Antes de partir al exilio y convertirse en esclavo del rey de Wu, Goujian pidió a Fan Li que gobernase Yue durante su ausencia, lo que pone de manifiesto hasta qué punto el monarca confiaba en él como consejero digno y capaz.

Sin embargo, Fan Li rehusó el cargo y afirmó que Wen Zhong tenía más talento que él para desempeñar las tareas de gobierno. Lo explicó con una frase que revela tanto su lucidez como su capacidad para valorar el talento ajeno: «En cuanto a cuestiones militares, Zhong no es tan bueno como yo, pero a la hora de estabilizar y consolar al estado, de acercarse al pueblo llano, no soy tan bueno como Zhong».[13] Este gesto, lejos de ser simple modestia, muestra algo fundamental: Fan Li sabía distinguir con precisión las capacidades propias y ajenas, una habilidad que más adelante aparecerá en su séptima regla, dedicada a la elección y buena gestión de los colaboradores.

Mediante excelentes medidas económicas, Fan Li y su amigo lograron que Yue recuperara la prosperidad. En primer lugar, ordenó que se redujeran los impuestos a los campesinos y se pusieran en marcha piscifactorías que permitiesen disponer de todo el pescado necesario para el reino, e incluso exportarlo a otros lugares. No obstante, era necesario no despertar las sospechas del rey Fuchai, al que enviaban constantes regalos y no dejaban de ofrecerle muestras de sumisión. La más evidente era que el rey Goujian y su esposa, e incluso, según algunas crónicas, el propio Fan Li, trabajaban como sirvientes en los establos del rey Fuchai.

Se desconoce si durante el cautiverio en Wu o tras ser liberado, Fan Li recomendó al rey que colgase una vejiga llena de la bilis amarga de un animal para, de este modo, lamerla todos los días y así no olvidar nunca que algún día se vengaría de Fuchai. Este es el comienzo de la célebre historia de la venganza de Fan Li, aunque algunos autores creen que alguien se la inventó más de mil quinientos años después, en tiempos de la dinastía Song.

A pesar de que habían sobornado a Bo Pi, tanto Goujian como Fan Li sabían que el capaz y honesto ministro Wu Zixu intentaba, día tras día, convencer al rey Fuchai de que debía matar a sus enemigos ahora que los tenía a su merced. Necesitaban contrarrestar esa influencia.

Probar las heces

La ocasión llegó cuando un día se enteraron de que el rey Fuchai había enfermado y que se temía por su vida. Algunos testimonios dicen que Fan Li consultó un oráculo, o el movimiento de las estrellas, y que descubrió la naturaleza de la enfermedad. Según otros (y esto parece más coherente con su carácter y métodos), tenía amplios conocimientos de medicina y, tras observar los síntomas, supo que se trataba de una enfermedad sin importancia, que pronto remitiría. Decidió entonces elaborar una sofisticada farsa: convenció a Goujian de que se presentase en la corte real y solicitase permiso para probar las heces del rey Fuchai, ya que, gracias a una antigua ciencia con la que podían diagnosticarse las enfermedades a través del olor y el sabor de las heces, «podría conocer la naturaleza de su mal y encontrar un remedio».

Después de vencer cualquier repugnancia, Goujian olió y probó las heces de Fuchai, y proclamó el veredicto: el rey sanaría en unos días, aunque eso sucedería siempre y cuando tomara un remedio que solo él conocía. De una u otra manera, Fuchai mejoró, lo que aumentó la confianza e incluso la gratitud hacia Goujian, al que finalmente, tras varios años de cautiverio, se le permitió regresar a Yue y recuperar el trono, aunque bajo estricta vigilancia y control por parte de Wu. En los *Anales de Wu y Yue* se cuenta que desde que Goujian probó las heces de Fuchai sufrió de halitosis, por lo que Fan Li recomendó a todos los que tenían que tratar con el humillado rey de Yue que comieran *houttuynia*, una hierba que, debido a su fuerte sabor y olor a pescado, podía disimular el olor.

Una vez retomó su reino, Goujian aplicó una serie de medidas para recuperar discretamente la gloria de Yue. Nueve de ellas se atribuyen a Wen Zhong, aunque se adivina en todas el ingenio de Fan Li, quien sin duda colaboró con su amigo. Vale la pena conocerlas.

LAS NUEVE ESTRATAGEMAS

Según creen muchos expertos, las estratagemas que Wen Zhong propuso a Goujian no habían sido creadas por él, ni por Fan Li, sino que eran el recuerdo de métodos empleados por los grandes gobernantes del pasado.[14] Las había empleado el rey Tang de los Shang para acabar con la legendaria dinastía Xia, o el rey Wen de los Zhou para vencer a los temibles Shang, pero también Huan de Qi y Mu de Qin para convertir a sus estados en hegemónicos. En definitiva, se trataba de una sabiduría arraigada durante siglos que, eso sí, Wen Zhong y Fan Li sintetizaron y perfeccionaron.

Estas son las nueve estratagemas (otros autores dicen que eran solo siete), que no solo se entienden como una manera de desestabilizar a Wu, sino que tienen como objetivo, quizá un poco contradictorio con el carácter cínico y engañoso de varias de ellas, «comprender el verdadero principio para elegir a hombres talentosos y convertir la mala suerte en buena»:

1. Venerar tanto al Cielo como a la Tierra, servir a los antepasados y los espíritus con respeto para contar con su protección.
2. Ofrecer regalos de bienes valiosos y caros al gobernante del estado enemigo y emplear grandes cantidades de oro, jade, algodón y seda para congraciarse con los ministros del estado enemigo.
3. Agotar los graneros del estado enemigo comprándole forraje y grano a un precio alto, para crear escasez y debilitar a su población.
4. Entregar al gobernante enemigo hermosas mujeres para confundir su pensamiento y perturbar sus planes.
5. Enviar artesanos y ebanistas expertos en madera de alta calidad para impulsarle a construir palacios y torres, y así agotar sus recursos económicos.
6. Sobornar a los funcionarios para debilitar las defensas del enemigo.
7. Enfurecer a los funcionarios que se atrevan a expresar críticas abiertas, para que su vehemencia llegue a irritar al gobernante, con el objetivo de que los obligue a suicidarse.
8. Trabajar para aumentar la prosperidad del propio estado y equipar a sus ejércitos con las mejores armas.

9. Entrenar a los soldados del rey para que estén preparados para atacar cuando las fuerzas enemigas se hayan debilitado.[15]

Estas medidas fueron supervisadas por Fan Li, quien al menos en dos ocasiones redujo los impuestos de Yue y favoreció a los campesinos, los comerciantes y cualquier trabajador que pudiera contribuir a la reconstrucción y riqueza de Yue. Para fomentar la natalidad, se entregaba un perro y dos jarras de vino a las mujeres que tenían hijos, y un lechón y dos jarras de vino a las que tenían hijas.

Por otra parte, y siempre de manera discreta, se establecieron relaciones con otros reinos y estados, con la intención de alejarlos de Wu y poder contar con ellos en una futura alianza.

El rey Goujian, durante la larga reconstrucción y engrandecimiento de Yue, un periodo que suele abarcar veinte años, renunció a cualquier lujo y rechazó cualquier placer. Se supone que incluso en su reino siguió tomando cada día la amarga hiel que le recordaba su misión de venganza. Se cuenta que si tenía frío sumergía los pies en agua helada.

Para acabar con la industria y la agricultura de Wu se buscaron las más hermosas maderas de Yue y, trabajadas por magníficos ebanistas y carpinteros, se ofrecieron a Wu a un precio irrisorio, arruinando la industria local del reino vecino. Fan Li conocía los gustos refinados de Fuchai y sabía que querría emplear aquellas hermosas maderas en la construcción de templos que propagaran su fama, como una gigantesca torre que no solo consumió gran parte de sus recursos, sino que agotó a su pueblo en trabajos sin fin.

Una de las más ingeniosas estrategias consistió en comprar a un precio elevado todo el grano de Wu para dejarlo sin reservas, y tiempo después venderle a bajo precio el grano cultivado en Yue, pero no sin antes haberlo hervido en secreto, para que los campesinos de Wu lo plantaran, pero no germinara.

Por lo que respecta a la cuarta estratagema de Wen Zhong, la de las mujeres hermosas,[16] el propio Fan Li eligió a una mujer llamada Xi Shi para que sedujera y distrajera de sus deberes al rey Fuchai. Xi Shi está considerada una de las cuatro bellezas chinas, y con el tiempo se convertiría en la pareja del propio Fan Li. Ambos vivieron una historia de amor que se hizo célebre.

Mientras tanto, Goujian, siguiendo de nuevo una recomendación de Fan Li contrató a una mujer guerrera llamada Aliao o Yuenü (la doncella de Yue) para que entrenase a su ejército.[17] Se dice que no solo manejaba la espada mejor que cualquier guerrero, sino que conocía las mejores técnicas y tácticas militares. Fan Li también recomendó a un arquero llamado Shen Yin, que, además, proporcionó al ejército de Yue un arma mortífera, la ballesta.[18] Aunque los historiadores solían considerar que la ballesta se empleó cientos de años más tarde, el descubrimiento arqueológico de gatillos de ballesta indica que, en efecto, ya existía hacia el año 500 a. C., precisamente en los territorios de Wu, Yue y Chu.

Para no despertar sospechas, Fan Li y su amigo Wen Zhong aconsejaron a Goujian que al construir nuevas murallas en Yue dejase sin edificar la parte que estaba orientada hacia Wu, como una señal de que no intentaban protegerse del rey Fuchai.

Sin embargo, el consejero Wu Zixu no se dejó engañar y continuó advirtiendo a su rey del creciente peligro que suponía Yue, pero la influencia de la hermosa Xi Shi y del corrupto ministro Bo Pi consiguieron que Fuchai sospechase de su más fiel consejero y lo condenase a muerte. Antes de su suicidio ritual, Wu Zixu pidió a quienes lo acompañaban que, una vez muerto, le arrancasen los ojos y los colocasen en lo más alto de las murallas de Wu, para que desde el otro mundo pudiera contemplar a las tropas del rey Goujian de Yue cuando, tarde o temprano, entrasen victoriosas en la capital.

Ajeno al peligro, en el año 482 a. C. Fuchai decidió viajar al norte con un gran ejército con el fin de intimidar a los estados rivales y lograr que los Zhou le nombrasen hegemón. Este es el momento de su mayor éxito, pero también el de su mayor fracaso, porque fue entonces cuando, aprovechando la ausencia del rey, Fan Li aconsejó a Goujian que invadiese Wu.

Los ejércitos de Yue conquistaron con facilidad Wu, y aunque siete mensajeros corrieron a informar a Fuchai de la noticia, el rey los degolló uno tras otro y consiguió que, ignorantes de la desgracia que acababa de sufrir, los Zhou le nombrasen hegemón. Después, poniendo en juego todos sus recursos económicos para entregárselos a Yue, y añadiendo la amenaza de su ejército, que regresó con él a Wu, Fuchai consiguió que Goujian le permitiera recuperar su reino.[19] Sin embargo, a partir de este momento, Fuchai quedó a merced de Yue, que entonces se reveló ante el mundo como un estado próspero gracias a las medidas de Fan Li y Wen Zhong. Por el contrario, el tesoro de Wu se vio reducido a nada: en los campos no crecía el grano y dependía en todo de su vecino, que se apresuraba a construir las partes de la muralla que habían quedado a medias.

Finalmente, en el año 473 a. C., las tropas de Yue invadieron Wu y avanzaron hacia Gusu, la capital. En esta ocasión fue el propio Fan Li quien dirigió las tropas y, como tiempo atrás hizo Fuchai con Helü, no obedeció las órdenes de Goujian y atacó la ciudad, proclamando que el rey le había confiado el mando en el campo de batalla y él lo iba a ejercer según le pareciera adecuado. Coincidió de nuevo con uno de los consejos de Sun Tzu: «En la guerra, el general ostenta el mando supremo de las tropas». Tras una última batalla, se tomó la capital y el reino de Wu desapareció para siempre, anexionándose a Yue. Aunque Goujian ofreció un pequeño feudo a Fuchai, el impetuoso rey prefirió quitarse la vida con su propia espada. Aquí acabó la gloria de Wu y comenzó la de Yue, pues se dice que tanto Goujian como sus cuatro primeros sucesores llegaron a ostentar el título de hegemones, a pesar de no pertenecer, de hecho, a la confederación Zhou.[20]

Fan Li, que desobedeció a Goujian cuando conquistó la capital de Wu, sabía que se exponía a una condena de muerte, pero entregó sin resistencia el mando del ejército y aceptó la sentencia. Goujian, sin embargo, no solo no lo castigó, sino que le ofreció la mitad de su ejército y de su reino y le propuso que gobernaran juntos. De no aceptar esta fantástica oferta, Goujian aseguró que mataría a Fan Li y a toda su familia. Fan Li fingió pensárselo, pero preparó su fuga en secreto, en la que lo acompañó la bella Xi Shi.

Aquí termina la vida de Fan Li, pero solo en cuanto a su nombre, porque a partir de entonces adoptó otra identidad. Por su parte, el decepcionado Goujian mandó edificar una gran estatua en honor a su recordado consejero, y esperó a que regresara algún día, prometiéndole tierras y riquezas. Pero Fan Li optó por alejarse de Goujian, pues consideraba que era un rey con el que se podía compartir la desgracia, pero no el triunfo. Quizá también sabía que los triunfadores no quieren tener junto a ellos a quienes han sido testigos de sus humillaciones, como probar las heces de Fuchai o dormir en un establo.

El amigo imprudente

> Si permaneces en tu cargo de consejero, compartiré mi estado contigo; si te vas, tu esposa y tus hijos serán ejecutados.[21]
>
> El rey Goujian a Fan Li

Antes de irse, Fan Li le recomendó a su amigo Wen Zhong, que huyera con él y la bella Xi Shi, pues «cuando las aves se han cazado, se guarda el arco; cuando los conejos se acaban, se cocina al perro», o según otra versión: «Cuando los pájaros se han ido, los buenos arcos se guardan, cuando las astutas liebres están muertas, los perros de caza se hierven».[22] Es decir, que una vez vencido el rey Fuchai, los vasallos y consejeros corrían peligro. Según los *Anales de Wu y Yue*, Fan Li le dijo a su amigo que no podía confiar en un rey que tenía el cuello largo de un ave, la mirada de un halcón y los andares de un lobo. Pero no consiguió convencerlo.

Años más tarde, Wen Zhong percibió que cada vez contaba menos con la confianza del rey Goujian y, recordando lo que le había dicho Fan Li, pensó que era mejor pasar desapercibido. Dejó de acudir a las audiencias en la corte e incluso se fingió enfermo o muerto. Pero este comportamiento hizo que Goujian sospechara que Wen Zhong estaba planeando una rebelión, así que lo obligó a acudir a la corte, le entregó una espada, y le dijo: «Hemos destruido el estado de Wu con tan solo tres estrategias, pero me dijiste que había nueve. Por lo tanto, quedan seis. Me gustaría que probaras esas seis estrategias con mis antepasados».[23] El rey Goujian le estaba ordenando suicidarse.

De este modo, Wen Zhong se convirtió en uno más de la interminable lista de consejeros, casi siempre fieles, que fueron abandonados por su soberano o condenados a muerte. El historiador Sima Qian, de quien hemos tomado muchos de los datos de esta historia, elaboró una lista completa en la que aparecen personajes como Qu Yuan, que escribió uno de los libros más apreciados por los chinos, el *Li Sao* o *Lamento por el destierro*, cuando fue exiliado debido a intrigas palaciegas: acabó suicidándose, arrojándose al río Miluo. Otros ejemplos son Han Feizi, el creador de la escuela legalista que falleció en prisión, traicionado por su amigo, el canciller Li Si; o el propio Li Si, que fue ejecutado después de la muerte del Primer Emperador chino Qin Shi Huang; o Lü Buwei, comerciante como Fan Li y artífice de la creación del primer imperio chino de los Qin. Además de, por supuesto, el fiel Wu Zixu, consejero del rey Fuchai de Wu, cuya muerte se debió precisamente a las intrigas de Fan Li y el propio Wen Zhong. Sima Qian, el historiador que nos cuenta estas tragedias, cierra la lista de fieles consejeros condenados a muerte, aunque él logró escapar de tan fatal destino cuando eligió la humillante alternativa que se le ofrecía: la castración. Prefería convertirse en un eunuco y perder su dignidad y su honor si a cambio de ello podía cumplir la misión que le había encomendado su padre: escribir la historia de China desde sus orígenes en tiempos de la dinastía Xia hasta la época Han.

Lo más curioso de este asunto es que Fan Li fue capaz de adivinar o prever lo que iba a pasar, lo que coincide, como veremos, con la primera regla para prosperar: entender las situaciones y conocer a las personas. Sun Liqun, profesor de la Facultad de Historia de Nankai, especula sobre esta decisión y cuenta que Fan Li era un gran experto en las relaciones entre los reyes y sus consejeros, por lo que recordó la conclusión que aparece en las *Estrategias de los Estados Combatientes*: «Los grandes favores no se devuelven, los grandes méritos no se compensan». Sun Liqun añade que, a pesar de sus hazañas militares, como la conquista de la capital de Wu, Fan Li no era un guerrero, sino más bien un taoísta y confuciano. Es discutible que pueda calificarse sin matices a Fan Li como confuciano o taoísta (o taoísta-legalista), algo que suelen hacer los historiadores chinos actuales, del mismo modo que unas décadas atrás lo consideraban precursor del comunismo y la lucha de clases. Lo que está claro es que se le puede aplicar el refrán «Una retirada a tiempo es una victoria». No sucumbir a la vanidad del poder es muy difícil, pero es vital aprender que en la política no se debería permanecer mucho tiempo.

El profesor Sun Liqun, además, considera a Goujian un ser despreciable: «Goujian es un canalla al que no le importa la amistad, que cruza el río y destruye el puente, que da la espalda y no reconoce a nadie».

Hoy en día, muchos chinos comparten esta opinión, a pesar de que durante siglos la historia de la venganza de Goujian se contó en China hasta la saciedad como un ejemplo a seguir, ya que mostraba que la nación debía ser paciente y esperar el momento oportuno, el *jie*, o el *kairós* griego, para vengarse de las humillaciones sufridas durante siglos.

«DORMIR SOBRE RAMAS Y SABOREAR LA HIEL»

La visión de uno no será amplia si no vive en circunstancias difíciles; la visión de uno no será profunda si el cuerpo no sufre por el dolor. Reyes sabios y gobernantes virtuosos, todos afrontaron dificultades en situaciones extremas y sufrieron una verguenza indeleble.

FAN LI, *Anales de Wu y Yue*

La frase que resume los veinte años durante los que Goujian, siguiendo los consejos de Fan Li, esperó pacientemente el momento de la venganza es «Dormir sobre ramas y saborear la hiel». Es la síntesis del periodo de recuperación y posterior venganza. Perdonado finalmente por el rey de Wu, Goujian y sus sabios ministros Fan Li y Wen Zhong se dedicaron a recuperar la gloria perdida de Yue de manera discreta pero eficaz, saboteando al mismo tiempo el temible poder de Fuchai, debilitándolo con regalos espléndidos, seduciéndolo gracias a Xi Shi para que descuidara el entrenamiento militar, y convirtiendo Wu en un estado que dependía cada vez más de Yue. Y, por último, provocando la muerte Wu Zixu, el sagaz consejero que no se dejaba engañar, quien, por cierto, había nacido, como Fan Li y Wen Zhong, en Chu.

La venganza, un plato que se sirve frío

Como ya hemos dicho, la historia de la venganza del rey Goujian se convirtió en una de las más conocidas de China. Los chinos consideraban que habían sido humillados una y otra vez, primero por la invasión de pueblos bárbaros como los yurchen, los mongoles o los manchúes, que fundaron la última dinastía, la Qing. Después por las potencias occidentales, que en el siglo XIX impusieron su ley a China, que fue incapaz de rebelarse. Finalmente, una vez proclamada la República China por Sun Yat-sen en 1912, tuvo lugar la pérdida de Manchuria y la posterior invasión japonesa, que se prolongó hasta el final de la Segunda Guerra Mundial, cuando China recobró la independencia, aunque no por sus propios méritos ni las acciones del ejército nacionalista de Chiang Kai-shek o el comunista de

Mao Zedong, sino por la inestimable ayuda de Estados Unidos al lanzar las dos bombas atómicas de Hiroshima y Nagasaki, un espantoso e inesperado desenlace que provocó la rendición inmediata de Japón y su retirada de China sin condiciones.

El general y presidente de China en aquel momento, Chiang Kai-shek, que durante años combatió a los comunistas y a los japoneses intentando controlar en vano todo el país, tenía como referente constante al rey Goujian y su lema «dormir en un lecho de ramas y probar la amarga hiel». Sabía que un enfrentamiento militar directo contra Japón estaba condenado al fracaso y que debía esperar pacientemente hasta adquirir la fuerza necesaria para devolver el golpe y vengarse de las ofensas sufridas a lo largo de los últimos trescientos años. Sin embargo, la victoria final no fue suya sino de un enemigo interior, los comunistas de Mao Zedong, quienes, por su parte, también recordaban las lecciones de Fan Li y Wen Zhong, y rehuían un enfrentamiento que pudiera ser fatal para un ejército todavía en construcción, tanto con las tropas nacionalistas de Chiang Kai-shek como con los japoneses. Finalmente, tras asegurar sus posiciones y preparar un ejército superior, que además contaba con el apoyo de la población, en especial los campesinos, los comunistas decidieron presentar batalla y vencieron a las tropas nacionalistas en 1949, obligando a Chiang Kai-shek a refugiarse en la isla de Taiwán. Allí, del mismo modo que hizo Goujian en Yue, estableció un estado totalitario, una dictadura de derechas, enfrentada durante décadas a la dictadura de izquierdas de Mao Zedong, hasta que, años después de la muerte de Chiang Kai-shek en 1975, finalmente se instauró un régimen democrático en Taiwán.

Algunos historiadores creen que la admiración de Chiang Kai-shek por Goujian, que se refleja en sus diarios ya desde muy joven y que se repitió en innumerables campañas de propaganda en China y Taiwán, no solo se debía al paralelo histórico, sino también a que el general nacionalista había nacido en Shaoxing, que era precisamente el lugar en el que se supone que estaba situado el antiguo reino de Yue. Tampoco es casualidad que, en la actualidad, tanto en Taiwán como en la China continental, historiadores y arqueólogos dediquen sus esfuerzos a demostrar que la población de Taiwán tiene también su origen en Yue, es decir que, en definitiva, no es autóctona o procedente de Australasia, sino plenamente china.

Es posible que el hombre que puso los cimientos para recuperar el papel protagonista de China en el mundo, Deng Xiaoping, también adoptara la paciencia de Goujian y Fan Li, en espera del momento de alcanzar el poder en la República Popular, soportando las afrentas y exilios interiores a los que le sometió Mao Zedong, así como la tragedia de uno de sus hijos, que fue arrojado por los guardias rojos desde un cuarto piso y quedó parapléjico. Su familia y amigos fueron permanentemente hostigados y acusados de traidores, y su gran amigo, el presidente Liu Shaoqi, fue destituido y murió en prisión. No obstante, en caso de que tuviera el referente de Goujian, Deng Xiaoping lo mantuvo en secreto, puesto que su poder, como el de Mao, se sustentaba en el Partido Comunista Chino y en una doctrina al fin y al cabo de origen occidental, el marxismo-leninismo.

Hoy en día, cuando ya se puede afirmar que China se ha vengado de las ofensas a las que fue sometida y que ha recuperado el lugar que le corresponde en el mundo, no se recuerda como antes a Fan Li por su decisiva participación en esa historia de venganza del rey Goujian de Yue contra el rey Fuchai de Wu, sino por sus dotes de empresario y por sus amores con Xi Shi. De su influencia en el pensamiento económico, comercial y empresarial chino hablaremos más adelante, cuando conozcamos no solo las medidas implementadas en Yue, sino las que adoptó en su nueva vida. En cuanto a su romance con Xi Shi, ya se había iniciado en Yue, pero adquirió popularidad cuando huyó con ella en busca de mejores tierras, quizá en una barca, pues esa imagen de los dos enamorados en un lago se hizo inmortal.

FAN LI, ENAMORADO, CAMBIA DE NOMBRE

Xi Shi es para los chinos, siempre aficionados a las enumeraciones, una de las cuatro bellezas chinas. Las otras tres son: Wang Zhaojun, Diao Chan y Yang Yuhuan. De Xi Shi se decía que era tan bella que cuando miraba su reflejo en el lago los peces se acercaban a la superficie y no podían dejar de mirarla hasta que morían de pura ebriedad de oxígeno. En el libro taoísta *Zhuangzi* se dice que era tan increíblemente hermosa que, nada más verla, uno se olvidaba al instante del dolor de pies o de la pobreza.

Como hemos comentado, Fan Li envió a Xi Shi a la corte del rey Fuchai para debilitarlo, pero no pudo evitar enamorarse de ella. Cuando el reino de Wu fue destruido, Xi Shi regresó a Yue y Fan Li decidió huir con ella en busca de un lugar más tranquilo en el que vivir su amor. Se dice que escaparon en una barca y por eso se los representa navegando en un río o un lago, aunque la imagen también se interpreta como un ejemplo de la nueva vida del gran estratega, ahora convertido en comerciante de éxito.

Sin embargo, las novelas, poemas y obras de teatro y ópera que recuerdan el romance ofrecen todo tipo de variantes de la historia. Según algunas versiones, Xi Shi nunca huyó con Fan Li, sino que fue ajusticiada por el rey Goujian. Según el *Mozi*, libro atribuido al estratega pacifista Modi, se dice que murió ahogada, quizá en el lago Tai, después de ser introducida en un saco y hundida hasta el fondo con una piedra. Esa sería la razón por la que cuando Fan Li llegó al estado de Qi se hizo llamar Chiyi Zipi, «bolsa de cuero para el vino», porque se sentía vacío sin su amada. Pero en testimonios antiguos, como en el libro *La gloria de Yue*, se afirma que el estratega y la bella mujer abandonaron Yue y vivieron juntos el resto de sus vidas.

En cuanto al nuevo nombre de Fan Li, se explicaba como un signo de libertad y adaptabilidad, como una bolsa o bota de cuero que flota sin hundirse en un lago.

En cualquier caso, Chiyi Zipi no fue el nombre que otorgó la fama a Fan Li en su primer exilio de Yue, y algunos creen que más bien se trata de un apodo que decidió adoptar al final de su vida.

FAN LI SE CONVIERTE EN COMERCIANTE DE ÉXITO

Fan Li no confiaba en las buenas intenciones de Goujian y, en cualquier caso, deseaba empezar una nueva vida, alejado de la fama de estratega y político. No sabemos por qué decidió emigrar a Qi, el estado que en tiempos lejanos había sido gobernado por el duque de Zhou, el hombre más admirado por Confucio. Situado en el extremo norte de China, Qi se convertiría con el tiempo, gracias a la Academia Jixia, en el estado de la estrategia militar y de la cultura. Fue el último reino que conquistó Qin Shi Huang, el rey de Qin que unificó China en el año 221 a. C.

Allí comenzó su carrera como comerciante gracias a la cría de ganado, el comercio de sal y la pesca. Parece que todo lo que aprendió durante sus años de gobierno lo aplicó en una escala más reducida y consiguió enriquecerse con rapidez, por lo que, de nuevo, adquirió popularidad. Su fama llegó a oídos del rey de Qi, quien le pidió que trabajara con el primer ministro Tian Chang. El rey y el ministro se beneficiaron de sus consejos, pero Fan Li reparó en los celos del ministro y predijo lo que, tarde o temprano, podría suceder. Así que un día, sin previo aviso, recogió sus cosas y abandonó el estado de Qi, se cree que acompañado por Xi Shi.

Su siguiente destino fue el condado de Dingtao, en el norte de China, en la provincia de Shandong. Allí puede admirarse una estatua suya, aunque los lugareños lo conocen como Tao Zhugong, el nombre que decidió adoptar entonces, aunque algunos expertos aseguran que esa decisión la tomó en el estado de Song, lo que hoy es la provincia de Henan. En cualquier caso, en Dingtao hay calles tanto con el nombre de Fan Li como con el de Tao Zhugong.

En torno a Fan Li surgió una tradición que lo relaciona con la fabricación de grandes tinajas (*gāng* 缸). Cuenta la leyenda que enseñó a trabajar un barro especialmente resistente, obtenido tras un amasado prolongado, al que algunos artesanos han llegado a llamar «cerámica de acero». Es cierto que una tradición posterior, surgida en el sur, vincula directamente a Fan Li con esta innovación cerámica, y por eso la asociación procede sobre todo de la región de Yixing, en la provincia de Jiangsu, un importante centro alfarero famoso por su arcilla púrpura, donde Fan Li es venerado como «Maestro fundador de las tinajas». Como ocurre con tantas figuras de la Antigüedad, su imagen fue adquiriendo notoriedad con el tiempo: guerrero astuto, comerciante capaz de crear fortunas, sabio retirado y, finalmente, también maestro alfarero. Se supone que esta mitificación guarda relación con el carácter *Tao* (陶) de su nombre, que significa 'cerámica'.

En Dingtao se ha transmitido una leyenda a lo largo de generaciones, según la cual, en aquellos tiempos, los caballos eran escasos y caros. Fan Li compró muchos para comerciar con ellos, pero no sabía cómo llevárselos sin llamar la atención. Entonces ofreció transportar materiales de forma gratuita, y un comerciante de telas de lino aceptó. De este modo, los caballos de Fan Li, la auténtica mercancía, pudieron ser trasladados sin hacerse notar, *camuflados* entre el lino. La anécdota nos recuerda inevitablemente una de las travesuras del célebre personaje persa Nasrudín, quien durante años cruzaba la frontera con mulas cargadas de cajas, y meses más tarde regresaba a pie. Cuando tiempo después el guarda fronterizo le preguntó qué que llevaba en las cajas, Nasrudín le dijo que estaban vacías. «Pero entonces —preguntó el guarda—, ¿qué es lo que traficabas?» Nasrudín respondió: «Mulas».

También se asegura que Fan Li fue pionero en la cría de peces en los canales de Dingtao. No solo los vendía, sino que los regalaba a los más necesitados y, lo más importante, les enseñaba a pescarlos y criarlos. Se le atribuye la autoría del *Yangyu Jing* (养鱼经), un tratado sobre acuicultura o piscicultura que se considera uno de los primeros documentos técnicos sobre la cría de peces en China. Este parece ser el único hecho con base histórica absolutamente indiscutible.

También se cuenta que, como no existía un buen método para pesar objetos de distintos tamaños, Fan Li ideó una ingeniosa balanza de brazo (*gàngchèng* 杠秤), con un platillo y un peso que se desliza por una barra y que permite calcular el peso exacto.

TAO ZHUGONG, EL DIOS DE LA RIQUEZA

En Dingtao no solo se admira al comerciante y empresario Fan Li, sino que se le rinde culto en su propio templo como dios de la riqueza, bajo el nombre de Tao Zhugong. Cada año se celebra una ceremonia en su honor. Muchos comerciantes acuden para rendirle respeto, siguiendo la idea de que Fan Li representa un modelo de virtud comercial: honrado, inteligente y generoso. Se lo admira no por su fortuna, sino por su capacidad para retirarse a tiempo de los peligros de la corte, así como por enseñar a los demás con generosidad y actuar siempre con previsión. No está solo en ese altar, le acompaña el otro gran dios del comercio, Bigan, que fue un ministro leal de la dinastía Shang, pero que acabó siendo ejecutado por criticar al soberano. En este caso, su gran virtud fue la rectitud hasta las últimas consecuencias, mientras que Fan Li representa al comerciante práctico y astuto, capaz de adaptarse a las circunstancias y de ayudar a los demás sin exponerse a la fatalidad.

SEGUNDA PARTE

Economía y comercio en la antigua China

UNA AMISTAD MUY INTERESADA

«A ningún médico le complace la salud —decía el comediógrafo griego Filemón. Y enseguida añadía con malicia—: ni siquiera la de sus amigos.» Entre las numerosas anécdotas de sus *Ensayos,* Montaigne recuerda la de un ateniense que ofrecía servicios funerarios, y al que los jueces condenaron porque cuanta más gente moría, mayor era su beneficio. Según Montaigne, la sentencia no fue justa, porque siempre que hay provecho en cualquier tipo de negocio o transacción, es inevitable que exista también un daño, o al menos una deficiencia ajena que nos beneficia de algún modo.

Si nos detenemos a pensar en ello, tenemos que admitir que no existirían maestros sin alumnos, ni bomberos sin incendios, ni herederos sin muertos. Descubrimos casi siempre un intercambio o un trueque entre algo que sobra y algo que falta, incluso en acciones generosas como los favores. «Hoy por ti, mañana por mí», decimos, para quitar importancia a un favor que le hacemos a un amigo, pero los chinos y los japoneses se toman la frase muy en serio. Para ellos, un favor genera una deuda, pues los favores traen consigo una obligación moral que se espera devolver en el futuro. Aunque en principio no se trata de una condena implacable, sino de un gesto de respeto inserto en una red de relaciones personales, a menudo, y de manera especial en tiempos lejanos, tenía también un cierto carácter jerárquico.

A este tipo de relación entre amigos e intereses, en China se le llama *guanxi*. Los historiadores explican el fenómeno a partir de tres causas fundamentales. En primer lugar, las prácticas jerárquicas y la complejísima red de relaciones familiares que establecieron los clanes de los Zhou, que se extendían a decenas de estados y que se mantuvieron durante siglos, incluso cuando esta dinastía perdió el poder real, aunque no su prestigio. En segundo lugar, la influencia confuciana, que estableció la jerarquía de las Cinco Relaciones (*wulun*), proponiendo, además, una relación entre el soberano y su pueblo:

1. Gobernante-súbdito
2. Padre-hijo
3. Esposo-esposa
4. Hermano mayor-hermano menor
5. Amigo-amigo

La tercera causa del fenómeno *guanxi* fue el crecimiento de la burocracia durante la dinastía Han (206 a. C.-220 d. C.) y las posteriores. Quienes contaban con amigos o conocidos que pudieran ayudarles en cualquier situación imaginable tenían ventaja frente a quienes no disponían de un *guanxi*, o amigo con derecho a favores. Los exámenes imperiales implantados por la dinastía Sui (581-618) y sus sucesoras, la Tang y la Song, en principio se concibieron para acabar con esta red de influencias, al premiar la meritocracia y favorecer la posibilidad de que cualquier persona pudiera acceder a un puesto creado por el estado, sin necesidad de contar con protección o influencia. Sin embargo, con el tiempo y la inevitable corrupción inherente a cualquier sistema político, la esencia de los exámenes se contagió de la tradición de los *guanxi*. Hay que tener en cuenta, de todos modos, que los sistemas clientelares son más fuertes allí donde el estado es más débil, porque resulta más permeable a la corrupción.

Wee Chow Hou, profesor en la Escuela de Negocios de Nanyang en Singapur y especialista en gestión y cultura empresarial china, lamenta profundamente la existencia del *guanxi* como un facilitador de negocios en China. Hace ya unos años reclamaba modernizar el sistema, para que no dependiera de una tradición obsoleta y arbitraria. Para escapar de esa costumbre, recomendaba una tradición más sana, la de Fan Li, o Tao Zhugong, que es el nombre por el que opta el profesor Wee Chow Hou para referirse al protagonista de nuestro libro:

> Los principios empresariales de Tao Zhugong son una escuela de negocios y filosofía que vale la pena destacar y estudiar. A diferencia de otros clásicos chinos sobre estrategias, los principios defendidos por Tao Zhugong están directamente relacionados con los negocios, ya que fue un hombre de negocios muy exitoso durante su época. De hecho, se le reconoce comúnmente como el primer empresario, magnate o multimillonario en la antigua China.[1]

Aunque durante siglos las doce reglas de Tao Zhugong fueron repetidas una y otra vez, no solo en China sino en todo el sudeste asiático de influencia china (desde Malasia y Singapur a Corea y Vietnam), es cierto que hacia los años cincuenta del siglo XX empezaron a considerarse obsoletas, pues la referencia económica pasó a ser la de los países occidentales, y en especial Estados Unidos, como demostró el milagro japonés.

Cuando, a finales de los años setenta y primeros ochenta, Deng Xiaoping abrió China al mundo exterior y animó a los ciudadanos a enriquecerse, se produjo una verdadera fiebre por los manuales y tratados económicos occidentales. En 2007, nos quedamos asombrados al visitar las librerías de Pekín y descubrir los cientos de títulos de economía, comercio y empresa que había traducidos del inglés, alemán o francés, y que llenaban repisas, estanterías, y expositores. A pesar de ello, ya entonces los chinos habían redescubierto a Fan Li, que volvió a convertirse en un motivo de inspiración para los empresarios chinos. Hoy en día, aunque resulte paradójico, es un pensador al que los occidentales deben conocer si pretenden hacer negocios en China. Tampoco puede descartarse su influencia en las medidas que, a partir de 2012, tomó Xi Jinping contra la corrupción y la persistencia de los regalos o regalos-soborno, es decir, de las redes clientelares y el sistema de los *guanxi*.

Regresemos ahora a la época de Fan Li.

FAN LI Y LOS COMERCIANTES DE LA ÉPOCA ZHOU

> Almacenar carros en época de lluvias y barcos en época de sequía.

Fan Li vivió en el límite entre dos épocas, la de Primaveras y Otoños (770-476 a. C.) y la de Estados Combatientes (475-221 a. C.). Las guerras de Wu y Yue, y la desaparición de estos dos poderosos estados marcan para algunos historiadores el inicio de los Estados Combatientes, cuando en el sur solo quedaron el gran reino de Chu y, aunque situado más al oeste, el de Qin, que con el tiempo sería el que unificaría China.

En aquel periodo, todavía se hablaba, aunque de manera bastante fantasiosa e incluso hipócrita, de los caballeros Zhou y de los aristócratas de noble virtud que decían que no había que atacar a un reino rival en mitad de los funerales de un rey, pero lo hacían una y otra vez. Los caballeros presumían de sus falsas virtudes y eran admirados, mientras que el oficio de comerciante era visto como el último escalafón social.

En época Han, pero probablemente también en tiempos anteriores, se consideraba que había «Cuatro Ocupaciones» básicas (士农工商): nobles, guerreros y eruditos (los *shi*), campesinos (los *nong*), artesanos (los *gong*), y comerciantes (los *shang*). En opinión de los confucianos, que se consideraban a sí mismos eruditos o letrados (*ru*), los comerciantes no producen nada y viven del trabajo ajeno, aprovechándose de la necesidad de los demás.

Fan Li, que nació en una familia pobre, conocía muy bien la necesidad, y quizá fue su precaria situación la que le enseñó cuándo había que comprar y cuándo era mejor esperar y acumular reservas.

Se le atribuye la observación, análisis y descripción de un ciclo económico basado en la agricultura: después de seis años de abundancia de grano, le siguen seis años de sequía y doce de hambruna, una enseñanza que al parecer aplicó en la guerra entre Wu y Yue, cuando durante una hambruna en Yue le aconsejó a Goujian que comprara todo el grano de su rival, porque sabía que esa hambruna también llegaría a Wu, y que entonces no tendrían grano en sus reservas. Esta anécdota revela el poder de observación y capacidad de prever los acontecimientos por parte de Fan Li, quien, a pesar de vivir en una época en la que abundaban las supercherías, pensaba que se podían deducir ciertas leyes a partir de la observación racional.

Hoy en día, hay quienes interpretan las acciones y métodos de Fan Li como consecuencia de la adivinación, pero en los textos más antiguos esta imagen apenas cuenta, y más bien parece que, del mismo modo que su coetáneo el estratega Sun Tzu, o que el propio Confucio o su discípulo Xunzi, creía más en el uso sensato de la observación y la razón que en la ayuda de los espíritus. Es cierto, sin embargo, que, en «El libro de la almohada», uno de los textos conservados en la antología *La gloria de Yue*, Fan Li mantiene una conversación con el rey Goujian, en la que alude al conocimiento de las cinco fases, de las cuatro estaciones y el yin y el yang, llegando a decir de manera sorprendente que las acciones morales de los reyes y su forma de gobernar pueden influir en la naturaleza:

> Cuando las cuatro estaciones cambian su orden, cuando lo caliente y lo frío pierden su ciclo constante, eso se debe a la manera en la que el pueblo es gobernado.[2]

Es una curiosa manera de exigir responsabilidad a los gobernantes, aunque «El libro de la almohada» es un texto que probablemente fue escrito al menos doscientos años después de la época de Fan Li y está claramente influido por tendencias taoístas y confucianas del final de la era de Estados Combatientes. El curioso nombre que recibe este texto se debe a que el rey Goujian, tras escuchar a Fan Li atentamente, aseguró que escribiría con tinta roja sobre seda tan buenos consejos y los guardaría siempre en su almohada.

Hemos dicho que Fan Li aplicó la misma estrategia de conquista de Wu a los negocios. Durante veinte años, reconstruyó Yue, creó recursos, acumuló reservas y esperó el momento propicio para atacar Wu. En sus negocios, planificaba de manera semejante: cuando las condiciones lo permitían, es decir, si los precios disminuían, almacenaba los bienes, de tal manera que cuando escaseaban, los vendía, y así obtenía más ganancias. Por lo tanto, la ley general que se deduce de este comportamiento es anticiparse a la escasez y aprovechar la caída de los precios para comprar.

Fan Li también defendía cierta regulación y la intervención del estado en la fijación de los precios.

> Cuando el precio del grano baja a veinte monedas, perjudica a los agricultores; cuando sube a noventa, perjudica a los comerciantes. Si el precio máximo no supera las ochenta monedas y el mínimo no baja de treinta, tanto agricultores como comerciantes se benefician. Estabilizar los precios y asegurar el suministro es el camino para gobernar bien un país.[3]

El texto anterior se atribuye a un supuesto maestro de Fan Li, el misterioso Ji Ran, cuya identidad intentaremos desvelar en los próximos apartados. Lo que sí es bastante plausible es que Fan Li se inspirara en el hombre que le puede disputar el título de primer gran economista de China, puesto que vivió, al menos, un siglo antes que él.

Nos referimos a Guan Zhong (管仲), muerto en 645 a. C., que fue canciller del duque Huan en el estado de Qi. Durante su gobierno implantó medidas económicas de gran importancia, como la centralización y organización racional de los impuestos. También gestionó los mercados y estableció el control estatal sobre recursos estratégicos como la sal y el hierro. Al igual que Fan Li, dio mucha importancia a la estabilización de los precios y al comercio interior. Se le atribuye el libro *Guanzi*, que incluye tratados de carácter económico como «Sobre el peso y el valor».

El gran historiador Sima Qian considera a Guan Zhong un ministro capaz de enriquecer al Estado antes que al individuo (entiéndase en este contexto por «individuo» no los ciudadanos comunes, sino los aristócratas y poderosos). Una de sus contribuciones más importantes fue la teoría conocida como Qing Zhong (輕重, 'Ligero y Pesado'), es decir, las políticas fiscales planificadas y el control gubernamental de monopolios como la sal y el hierro, así como la manipulación de los precios para controlar los mercados internos y externos y poder asegurar el suministro de grano.

También tenía una curiosa teoría (en la que quizá Fan Li no coincidiría), la llamada «extravagancia en el gasto» (Chi Mi, 侈靡), es decir, animar a los ricos a gastar de manera extravagante en vez de acumular más riquezas, porque ese gasto estimula la prosperidad económica y la circulación constante de bienes. Además, Guan Zhong pensaba que era conveniente que los ricos no fuesen tan ricos ya que podrían desestabilizar o controlar las estructuras de poder.

Fan Li también defendía la intervención del estado en el reajuste de las reservas y los precios para no crear problemas en la población. Si de repente el precio del grano subía, el gobierno tenía que vender parte de las reservas del grano para bajar los precios. En opinión de Wee Chow Hou, Fan Li, del mismo modo que Guan Zhong, no era completamente partidario del libre mercado, sino que abogaba por una intervención moderada y oportuna del gobierno: si el grano era caro y otros productos eran baratos, o a la inversa, el gobernante debía restablecer el equilibrio siempre que fuera necesario. Podríamos decir que Fan Li hizo lo mismo que los estados modernos, pero en lugar del oro, su patrón era el grano. El grano era la base de todo. Es interesante observar que su gran rival, Wu Zixu, consejero del rey Fuchai de Wu, coincidía en esta idea:

> En cuanto al Camino (Tao) para gobernar a la gente, la comida es un gran tesoro.[4]

La idea también se halla en Guan Zhong, asociada a la moralidad:

> Si los graneros están llenos, el pueblo conocerá la propiedad y la moderación. Si su comida y sus vestidos son adecuados, sabrá distinguir entre el honor y la vergüenza.[5]

FAN LI, AUTOR DE LIBROS DE ECONOMÍA, PISCICULTURA Y COMERCIO

He oído que un hombre sabio prevé las cosas antes de que sean visibles.

GUAN ZHONG
en el *Shuo Yan*

Varios libros y manuales se atribuyen a Fan Li pero no se han conservado, como *Fanzi* (*Maestro Fan*), con su propio nombre, que se desconoce si era de estrategia militar o de economía y comercio. También se le atribuyen varios de artesanía, agricultura y piscicultura, así como *Los doce principios de Fan Li para enriquecerse.*[6] Algunos historiadores creen que muchos se perdieron durante la quema de libros que ordenó el Primer Emperador de China, Qin Shi Huang, quien, siguiendo el consejo del primer ministro Li Si, quiso acabar con la tradición para crear un nuevo mundo que no tuviera referentes y, por lo tanto, no se pudiera comparar con ese nuevo mundo que él iba a crear.

Por esta u otras razones, muchos libros que trataban sobre cómo prosperar a través del comercio no sobrevivieron, más aún cuando, a partir de mediados de la dinastía Han, se relegó el comercio en favor de la agricultura.

No obstante, a pesar de la destrucción, algunos se salvaron de la quema o fueron reescritos por los eruditos chinos, a veces mezclando recuerdos o textos fragmentarios con imaginativas reconstrucciones, por lo que no resulta fácil separar los libros auténticos de los que se reescribieron siglos más tarde con el mismo nombre. Lo curioso es que los arqueólogos, al redescubrir en tumbas antiquísimas libros perdidos, a veces han demostrado que lo que se creyó falso durante siglos era, sin embargo, verdadero.

Una de las actividades económicas más exitosas de Fan Li fue la reparación o excavación de estanques en las montañas para criar carpas y tortugas. Por eso, como hemos dicho, se le considera el inventor de la piscicultura. De hecho, escribió el *Tratado de piscicultura del duque de Taozhu*[7] en el que se recogen técnicas para la construcción de estanques adecuados para la cría, métodos para la reproducción de peces de manera controlada, la cohabitación de varias especies de peces o la pesca por rotación, etcétera. Es el primer tratado de piscicultura conocido en el mundo. También se le atribuye la plantación de árboles en tierras baldías y se cuenta que, junto a su familia, obtenía muy buenas cosechas y era un experto en la planificación de los recursos forestales:

> Si plantas sauces por estacas, obtendrás leña suficiente. Después de diez años, puedes podar un árbol cada año y obtener un carro de leña; si podas doscientos árboles al año, en cinco años habrás completado el ciclo.[8]

En algunas historias, quizá muy posteriores, se dice que también probó suerte y tuvo éxito con explotaciones de ganadería.

JI RAN, EL MAESTRO FANTASMAL

A pesar de que, como se suele creer, no ha sobrevivido ningún libro de Fan Li, es posible que sí contemos con uno, o varios, escritos por sus discípulos o admiradores, o incluso por uno de sus maestros, el llamado Jini o Ji Ran. No obstante, hay que advertir a los lectores que en este asunto nos enfrentamos de nuevo a un gran enigma que nadie ha podido resolver por completo.

En una antología de escritos relacionados con el reino de Yue, el *Yuejue Shu*, traducido al inglés por la sinóloga Olivia Milburn como *La gloria de Yue*, se incluyen varios textos y muchos testimonios acerca de Fan Li. Nos interesa de manera especial *El libro del joven maestro de contabilidad.* Aunque suele atribuirse su autoría a Ji Ran, la existencia de este personaje resulta muy dudosa.

Aunque es cierto que Sima Qian menciona a Ji Ran y señala que fue maestro de Fan Li, cada vez hay más estudiosos, como Olivia Milburn, en su reciente edición del *Yujue Shu*, que creen que Ji Ran no es el nombre de una persona, sino, o bien un apodo que recibía Fan Li, o bien un capítulo de su libro perdido. Veamos algunas de las razones para desbancar al supuesto maestro de Fan Li.

En primer lugar, pese a lo que dice Sima Qian de que Ji Ran fue maestro de Fan Li, ni él ni ningún otro historiador escribieron ninguna biografía de este personaje hasta mil años después. Además, su nombre significa «Calcular razonable», lo que parece bastante extraño para una persona, pero no para el capítulo de un libro. Otra interpretación es que podría tratarse de un apodo de Fan Li.[9]

En 1922, el estudioso Qian Mu mostró su acuerdo con algunos eruditos chinos de las primeras dinastías y dijo que el texto de Sima Qian debería puntuarse de nuevo, lo que proporcionaría una lectura semejante a «Goujian empleó el Ji Ran (de Fan Li)» o «Goujian consultó al joven maestro de contabilidad (que sería también Fan Li)».[10]

Si Jini o Ji Ran fuese un apodo de Fan Li, o el título de un capítulo de su libro, entonces, el *Libro del joven contable* sería, al menos, un testimonio indirecto de sus ideas. Y también lo sería *La tradición externa del joven contable*, en el que un atrevido Jini se permite reprocharle a Goujian que no haga caso a sus consejeros, y le recomienda que no los desprecie por su origen humilde, lo que podría ser el recuerdo de un joven Fan Li recién llegado a la corte de Yue. Pero incluso si Ji Ran fuese un personaje real, existiría una relación indudable entre el pensamiento de ambos. Por eso hemos recurrido en más de una ocasión a *El libro del joven contable* para aclarar o completar algunas de las reglas de oro de Fan Li.

LA INFLUENCIA DE FAN LI EN LA POSTERIDAD

> Las acciones de Fan Li sirvieron para preservar al que estaba en peligro y rescatar al caído, de hecho, nadie podía compararse con él cuando se trataba de armonizar con el Dao y seguir la voluntad del Cielo, enriquecer el estado y pacificar a su pueblo.[11]

Se ha discutido mucho acerca de la influencia de Fan Li. Probablemente fue mucho mayor de lo que los historiadores chinos han querido reconocer. La razón fundamental de cierto olvido quizá sea que para la China del Primer Emperador y la dinastía Han, la época en la que los estados de Wu y Yue se disputaron la hegemonía ya formaba parte de un pasado que no coincidía con las intenciones de la historiografía establecida. Se trataba de dos reinos que se hallaban en los límites del territorio Zhou y que eran demasiado exóticos. Es cierto que Qin también era en su origen un reino bárbaro, pero había asimilado las tradiciones de los estados centrales para después crear su propia narrativa (*storytelling* diríamos hoy), con la pretensión de empezar su historia desde cero. En cuanto a la dinastía Han, quiso alejarse tanto de Qin como de los reinos «bárbaros» como Wu y Yue, para recuperar, en cierto modo, el pasado Zhou a través de diversas interpretaciones confucianas.

Sin embargo, y de manera paradójica, aunque los historiadores también han intentado minimizar su papel en la creación de China, uno de los artífices de la unificación fue también un comerciante. Se trata de Lü Buwei, un personaje fascinante que aprovechó su gran fortuna para apostar por un heredero al trono de Qin, que hasta entonces había sido menospreciado, el príncipe Yiren. Si Fan Li llegó a convertirse en ministro de un rey y después lo abandonó para llevar una segunda vida como comerciante, Lü Buwei recorrió el camino contrario, decidió dejar los negocios, en los que se había hecho millonario «comprando barato y vendiendo caro», para llevar al trono a su candidato e incluso llegar a lo más alto, convirtiéndose en regente.

Cuando Lü Buwei conoció al príncipe Yiren no lo dudó: Yiren era una «rara pieza de mercancía que debe ser conservada para más adelante. Si con la agricultura se puede obtener diez veces más sobre lo invertido, y con las perlas y el jade cien veces más», con este príncipe, explicó Lü Buwei, el retorno de la inversión (lo que hoy llamamos ROI)[12] es incalculable. Y lo fue, porque Yiren murió a edad temprana, lo que permitió a Lü Buwei convertirse en regente del joven heredero, quien no solo fue rey de Qin, sino que se convirtió en el Primer Emperador de China en 221 a. C. Se dice, además, que Lü Buwei fue el padre del futuro emperador y que cuando se suicidó, sabiendo que sería condenado a muerte al ascender Qin Shi Huang[13] al trono de Qin, tomó el veneno riendo y dijo: «No sería un digno hijo mío si no me matara».

En este caso, no cabe ninguna duda de la influencia que ejerció Fan Li en Lü Buwei (y por tanto en la creación de China) porque en el *Lüshi Chunqiu* (*Anales del Señor Lu*) se cita el *Jininzi* o *Libro del joven contable*.

La escuela de Huang-Lao

Casi todos los eruditos chinos y también los historiadores modernos consideran que Fan Li pertenece a la gran corriente filosófica china conocida como «legalismo» o «legismo» (*Fajia*), es decir, la escuela filosófica y política que considera que el sistema legal debe ser la base de un estado bien gobernado. También se circunscribe a Fan Li de manera más específica en la «Escuela de Huang-Lao». Esta tendencia combina las enseñanzas de

Huangdi, el Emperador Amarillo, legendario fundador de China, con las del taoísta Laozi, o maestro Lao.

En uno u otro caso, tanto el legalismo como la escuela de Huang-Lao presentan tantas variantes como las del confucianismo o el taoísmo, por lo que es mejor, al menos en el caso de nuestro Fan Li, huir de las clasificaciones. Algunos ejemplos nos servirán para justificar esta prudencia y mostrar la proximidad o la distancia con Fan Li por parte de varios legalistas.

Guan Zhong, al que ya conocemos y cuyas ideas sin ninguna duda influyeron en Fan Li, fue ministro del rey de Qi y responsable de la gran prosperidad de este reino. Gran defensor del comercio y de la regulación de los precios para el beneficio del pueblo y el estado, murió de manera pacífica tras sus éxitos en la corte.

El Señor de Shang era un legalista que opinaba que la ley debía imponerse a toda costa y que era mejor renunciar a cualquier virtud, porque entorpecía la grandeza del estado. En su opinión, había que eliminar a los «parásitos del estado», como los ritos, la música, la poesía, la historia, los frenos morales, la benevolencia y la integridad, porque quienes cultivan estas cosas se vuelven inútiles para la guerra y la defensa del estado. También debía prohibirse el comercio. Murió despedazado por cuatro caballos cuando intentó hacerse con el poder absoluto en Qin.

Xunzi, al que se define como confuciano, pero también como legalista, admiró la eficacia del estado de Qin, pero quedó aterrado ante su dureza. Consideraba que era importante conocer el ejemplo de los sabios más recientes, los de la época Zhou, dado que los testimonios lejanos no ofrecían ninguna fiabilidad. Pero también creía que había que adaptarse a los tiempos con nuevas ideas. Cuentan que murió con los cien años ya cumplidos, probablemente de muerte natural.

Li Si, discípulo de Xunzi, fue el artífice teórico del primer imperio chino, creado por Qin Shi Huang. Fue condenado a muerte por los sucesores del emperador. Se le atribuye la idea de que había que quemar los libros antiguos y matar a los sabios para que las nuevas ideas no fueran objeto de debate.

Han Feizi, discípulo también de Xunzi y el más importante teórico del legalismo, intentó prosperar en la corte de Qin Shi Huang, pero fue traicionado por su antiguo amigo y condiscípulo Lisi y condenado a muerte. Creía que la ley debía ser difundida con toda claridad, aplicando duros castigos a quien no la cumpliera, aunque añadía que el propósito era «salvar todas las vidas del caos, purgar al Mundo bajo el Cielo de las calamidades, evitar que el fuerte oprima al débil, y que los muchos abusen de los pocos».

Y por supuesto, no debemos olvidar a Fan Li, tan próximo a Guan Zhong y Xunzi, y que también murió lejos del ruido y la furia, a una avanzada edad y en algún lugar desconocido.

Existe una gran disparidad entre todos estos legalistas, que de ninguna manera podemos considerar semejantes, salvo por la importancia que daban a las leyes, por ejemplo entre un cruel Señor de Shang y un sensato, prudente y humanitario Xunzi.

Y las mismas distinciones podríamos hacer entre las muy diversas variantes del confucianismo o del taoísmo. Basta recordar que en la escuela legalista de Huang-Lao, la segunda parte del nombre (Lao) se refiere al propio Lao Tse, algo que quizá sorprenda a quienes ven el taoísmo como una filosofía que predica el regreso a la vida sencilla y natural, alejada de la civilización y las leyes.

Cuando Confucio ayudó a Fan Li

La relación de Fan Li con el confucianismo en un principio parece superficial, puesto que el comercio no estaba bien visto por los seguidores de Confucio. Sin embargo, esta es una afirmación que requiere de algunos matices. En primer lugar, tenemos que recordar a un discípulo de Confucio llamado Zigong, que no solo pudo colaborar con el propio Fan Li para derrotar el reino de Wu, sino que probablemente fue el responsable del éxito final del confucianismo: «Fue Zigong quien difundió el nombre de Confucio por todo el mundo, actuando antes y después».[14]

En cualquier caso, es muy probable que el propio Confucio no sintiera hacia el comercio la misma aversión que mostraron algunos de sus seguidores, no solo por la admiración que sentía hacia Zigong, del que dice en las *Analectas* que no se sometió al destino, sino que logró hacerse rico «y sin embargo, sus ideas suelen ser correctas».[15] Además, en los escritos confucianos también se menciona al ministro y economista Guan Zhong como el mejor gobernante, aparte del idolatrado duque de Zhou.

Además, Confucio considera más importantes que las leyes los *li*, ese complejo concepto que engloba ideas como «educación», «ritos», «tradiciones» o «cortesía». Eso parece ir en contra de la predilección por las leyes de los legalistas, pero el lector enseguida se dará cuenta de que la segunda regla de Fan Li consiste precisamente en aplicar los *li*, la amabilidad, la cortesía o la educación.

Por otra parte, existen muchas semejanzas entre Fan Li y Confucio, quien también abandonó el estado de Lu y partió hacia un largo exilio, lejos de las intrigas de la corte. El propio Confucio lo dice en las *Analectas*:

> Cuando un hombre puede mostrar su habilidad, acepta el cargo; cuando no puede, se va.[16]

En cuanto al posible encuentro, e incluso colaboración entre el confuciano Zi Gong y Fan Li, la historia es bien curiosa y vale la pena contarla en detalle.[17]

El estado de Qi estaba a punto de atacar Lu, el estado natal de Confucio. Preocupado, este encargó a su discípulo Zigong,[18] al que admiraba por su elocuencia y su capacidad diplomática, que intentara impedirlo.

Zigong viajó a Qi y logró convencer a su primer ministro Tian Chang de que no le convenía atacar un estado pequeño como Lu, porque su conquista provocaría que el rey de Qi y los militares se volvieran arrogantes, lo que perjudicaría al propio primer ministro (una lección que no aprendieron los consejeros y emperadores de Roma). Era mucho mejor, dijo Zigong, combatir con el lejano estado de Wu, lo que debilitaría al propio rey de Qi, crearía disensión entre los ministros y generales y permitiría a Tian Chang prosperar y consolidarse en el poder.

Sin embargo, había que justificar la guerra con Wu, así que Zigong viajó a Wu y convenció al rey Fuchai de que adquiriría mayor popularidad si en vez de atacar al rey Goujian de Yue atacaba al gran estado de Qi. Pero había un nuevo escollo que sortear, ya que Fuchai temía que el rey Goujian y sus consejeros, es decir Fan Li y Wen Zhong, aprovecharan la ocasión para atacar Wu.

Fue entonces cuando Zigong viajó a Yue y convenció al rey Goujian de que aportara tropas a la campaña de Fuchai y se mostrara como un súbdito fiel y temeroso de Wu. No cabe duda de que, durante esta negociación, Zigong y Fan Li pudieron conocerse e intercambiar conocimientos acerca de la estrategia militar, el comercio, la economía y las ideas de Confucio. Se conserva una referencia quizá elogiosa de Zigong a Fan Li:

> Zigong dijo: «Wu Zixu se aferró a los principios de lealtad y confianza, y consideró la muerte como más noble que la vida. Fan Li consideró la buena y la mala suerte, por lo que se fue de Yue y se hizo famoso».[19]

Sea como sea, para que la estrategia tuviera el efecto deseado, Zigong hizo un último viaje al estado de Jin para que, tras el ataque de Yue, aprovechara la futura debilidad de Wu. Fuchai, en efecto, atacó Qi y lo venció en la batalla de Ailing, pero al regresar como rey hegemónico descubrió que Goujian había atacado la capital de Wu, lo que lo obligó a pactar una paz poco ventajosa, que se vio agravada cuando Jin lo atacó desde el norte. Ya muy debilitado, Fuchai sufrió el ataque final de Yue, lo que supuso la destrucción y desaparición de Wu.

Como señala Sima Qian «Zigong, una vez enviado, salvó a Lu, perturbó a Qi, destruyó a Wu, fortaleció a Jin, e hizo hegemónico a Yue».[20]

Por otra parte, la primera versión del confucianismo adoptada por el Imperio Han fue la de Xunzi, un pensador al que se ha llamado, no sin razón, el Aristóteles chino, y que no sentía rechazo alguno por el comercio. Al contrario, Xunzi era pragmático y realista y por eso se lo consideraba confuciano, pero, como ya sabemos, también legalista.

Xunzi daba una gran importancia a la confianza o fiabilidad, tanto en la política como en las relaciones personales, concepto que es la base del comercio e incluso del capitalismo moderno. En su opinión, «aumentar el territorio no es tan importante como aumentar la atención que dedicamos a ser dignos de confianza».[21] Esta idea, como veremos, es fundamental en las doce reglas de Fan Li.

Del mismo modo que Fan Li, Xunzi se oponía a cualquier fatalismo (*ming*), es decir a la idea de que pobreza y riqueza eran inevitables o incontrolables, por lo que de nada servía esforzarse ante los dictados del cielo. Por el contrario, tanto Fan Li como Xunzi creían que la planificación agrícola, el buen gobierno y el conocimiento de la naturaleza podían revertir las desgracias.

Xunzi, como otros confucianos, llegó a defender que la prosperidad material es la base de la moralidad: «Enriquece al pueblo, y una vez que sea rico, edúcalo. Esta es la base del gobierno de un país».

Si observamos los grandes avances del mundo moderno, desde la abolición de la esclavitud a la igualdad de la mujer, la creación de políticas sociales de protección, la ayuda a los pobres y los ancianos o el bienestar de los animales y el cuidado de la naturaleza, veremos que existe una estrecha relación entre la prosperidad y el bienestar social y los derechos ciudadanos.

TERCERA PARTE

Las doce reglas de oro

LAS REGLAS DE ORO Y OTRAS ENSEÑANZAS DE FAN LI

Parece que la sistematización de los principios y enseñanzas de Fan Li fue muy posterior a su existencia, tal vez quince siglos después, a partir de la dinastía Ming, y especialmente durante la última dinastía China, la Qing. Fue entonces cuando se investigó, recopiló, reinterpretó y sintetizó en *principios, salvaguardas* y *enseñanzas* el pensamiento de Fan Li, que se han reunido bajo diversos nombres, como *El libro secreto del enriquecimiento, Las enseñanzas comerciales del Señor Taozhu*, o el *Tesoro del comerciante.*

En primer lugar, tenemos las doce reglas para alcanzar la riqueza, que analizaremos a partir del próximo capítulo.

A estas doce reglas hay que añadir las llamadas 12 salvaguardas, las 16 enseñanzas del comercio y las 18 reglas para hacer negocios. En total, podríamos decir que se trata de 58 consejos, aunque debemos advertir que más allá de las 12 primeras reglas encontramos muchas formulaciones que son casi una repetición de lo que ya sabemos, a veces expresadas de manera negativa, es decir, diciendo lo que no hay que hacer o lo que hay que temer. Sin embargo, es cierto que en ocasiones esos 46 consejos adicionales nos permiten entender mejor o ampliar el sentido de las 12 reglas.

El lector puede consultar las 58 enseñanzas atribuidas a Fan Li en un anexo final, que hemos preferido no enumerarlas aquí e invitar al lector a seguir nuestro comentario de las doce reglas, para, de este modo, mantener una cierta intriga que, sin duda, contribuirá a que la lectura sea más interesante.

1

Debes saber juzgar a los demás

能识人
知人善恶
账目不负

«Si somos capaces de reconocer el talento y el carácter de las personas, podremos distinguir entre la honestidad y la falsedad, con lo que nuestro negocio no tendrá pérdidas.»

Después de veinte años ayudando a la reconstrucción de la nación, y tras la victoria definitiva de Yue sobre Wu, Fan Li reunió a su familia, cogió algunas pertenencias y se marchó.

Aconsejó a su amigo Wen Zhong abandonar la corte cuanto antes, porque con el rey Goujian se podía compartir la guerra, pero no la gloria.

El tiempo le dio la razón cuando el rey de Yue ordenó a Wen Zhong que se suicidara.

Descifrar al otro

La primera regla de Fan Li nos recuerda una inquietud universal: la obsesión por conocer al otro. Es el sueño de un político que quiere saber qué puede prometer hoy para no cumplirlo mañana, un publicista que pretende vender lo que nadie necesita, un emprendedor que convence a un inversor antes de la suspensión de pagos, un director de recursos humanos que no contrata al candidato ideal porque dudó durante un instante cuando le hizo la pregunta trampa, el adivino que te asegura que encontrarás enseguida el amor de tu vida o el terapeuta que presume de conocer tus deseos más íntimos.

Fan Li nos recuerda que para prosperar en la vida y en los negocios tenemos que conjugar dos verbos: *reconocer* y *discernir*. Reconocer el talento o la capacidad de las personas, así como su carácter o personalidad, es el primer paso; el segundo consiste en saber si las palabras y las promesas de esa persona se corresponden con los hechos. Esta capacidad de observación, nos dice, debe extenderse a todas las relaciones, no solo las laborales.

Quienes acudían a Delfos para consultar el oráculo de Apolo, nada más entrar en el templo leían una inscripción: «Conócete a ti mismo». El estratega chino Sun Tzu añadía que no bastaba con conocerse a uno mismo, sino también al otro: «Si te conoces a ti mismo y al enemigo, saldrás victorioso en mil batallas».[1]

No cabe duda de que para conocer a los demás un buen punto de partida es empezar por uno mismo. Si logramos identificar de qué manera actuamos cuando somos ruines, vagos, generosos o amables, podremos intuir si la persona que tenemos enfrente será ruin, vaga o generosa. El problema es que este camino está lleno de trampas, ya que casi siempre somos muy indulgentes con nuestras acciones y pensamientos pero implacables con los de los demás. Aunque debemos reconocer también, al menos en la intimidad, que a menudo somos demasiado críticos con nosotros mismos.

Si nos cuesta comprendernos, ¿cómo podemos juzgar a los demás con acierto? Y, sin embargo, lo hacemos constantemente, evaluando a cualquier conocido o desconocido en un instante y elaborando conclusiones precipitadas. Cada encontronazo en la calle, cada gesto de un compañero de trabajo, cada expresión de un político o la sonrisa de un vendedor. Juzgamos en la oficina, en el museo o cuando vemos un vídeo en redes sociales. Es un acto natural y repetitivo, que influye en muchas de nuestras acciones. En un instante, tomamos decisiones cruciales, como elegir a quién besar y de quién alejarnos, condenándonos, quizás, a compartir la vida con alguien que luego nos decepcionará. Precisamente porque no sabemos observarnos a nosotros mismos, tenemos la sensación de que solemos acertar con nuestras decisiones intuitivas o instintivas. Es lo que se conoce como el sesgo de confirmación: registramos todos nuestros aciertos, pero no nuestros errores.

El psicólogo y premio Nobel Daniel Kahneman demostró que incluso quienes se dedican profesionalmente a juzgar, es decir, los jueces, se confunden mucho más de lo previsto. Kahneman explicó en su libro *Ruido* algo que los abogados de oficio confirman a diario: son capaces de predecir si un acusado quedará libre tan solo con saber el número de la sala en la que será juzgado. Lo que Kahneman y sus colaboradores descubrieron, tras examinar cientos de casos, es que un mismo delito recibe sentencias muy diferentes según quien lo juzgue, e incluso si el juicio tiene lugar por la mañana, por la tarde o el día después de que el equipo favorito del juez haya perdido el último partido. La paradoja es bien curiosa: los abogados conocen mucho mejor al juez de lo que el juez conoce a quienes va a enviar a prisión o a dejar en libertad.

Algunas razones que explican la asombrosa divergencia de criterio al juzgar un mismo delito (y, por qué no decirlo, esta injusticia) es que los abogados de oficio se relacionan o conocen a los jueces, lo que les permite descubrir sus debilidades y prejuicios de manera consciente o inconsciente. Sin embargo, los jueces, cuando se ven obligados a dictar su veredicto, se enfrentan cada día a personas casi desconocidas. Y a veces ni siquiera se conocen bien a sí mismos, o al menos no tan bien como los conocen los abogados.

Se cuenta que un juez japonés era tan consciente de su subjetividad, que decidió celebrar los juicios de espaldas al acusado y a los abogados, juzgando solo por lo que escuchaba, porque se había dado cuenta de que, de este modo, era menos proclive a ser víctima de sus prejuicios y manías. Además, durante el juicio preparaba una mayonesa que debía remover de manera constante y uniforme: cuando la salsa se le cortaba sabía que eso era una señal de que estaba siendo dominado por sus emociones y suspendía la sesión.

Al comparar las sentencias de los jueces con las de una inteligencia artificial, Kahneman descubrió un mayor acierto en el juez robotizado, aunque la diferencia todavía no era muy notable, porque los robots, como hijos de la humanidad, han heredado nuestros prejuicios. Eso sí, también nuestras creencias, prejuicios, opiniones y, en definitiva, gran parte de lo que somos se lo debemos a los demás. Como decía Oscar Wilde con amargo pesimismo en *De profundis*, la obra que escribió durante su encarcelamiento, la mayoría de nosotros actuamos como copias de otros, nuestras opiniones son ajenas, «nuestras pasiones una cita» y, en definitiva, nuestras vidas son una imitación. ¿Qué deberíamos entonces pensar de los robots o la inteligencia artificial?

Así que lo sensato quizá sea ser humildes y aceptar que no es fácil conocernos a nosotros mismos ni a los demás, pero que podemos mejorar nuestros criterios si diseñamos maneras de detectar la falsedad, de tal forma que no dependa de una simple intuición. De esta manera podemos desarrollar mecanismos de pensamiento crítico y algunas salvaguardas, como las que propone Fan Li.

Cómo decidir en situaciones de incertidumbre

Maria Konnikova, en su libro *El gran farol*, en el que cuenta sus aventuras en el mundo de las apuestas y los jugadores de póker, sugiere que las personas que toman mejores decisiones en situaciones de incertidumbre son las que se juegan algo. En circunstancias de riesgo, como perder mucho dinero en una mano, la toma de decisiones mejora exponencialmente. Si una persona dispone de pocos recursos y monta una empresa con un capital escaso, tendrá cuidado a la hora de elegir a los socios, proveedores y trabajadores. Necesitará saber si puede confiar en ellos plenamente.

La época de Fan Li era en sí misma una situación de riesgo continuo, ya que perder el favor de la corte implicaba perder algo muy personal: la cabeza. Por eso, el estratega abandonó la corte cuando el estado de Yue alcanzó la hegemonía, y no se quedó a disfrutar de la gloria, porque entendió que la situación había cambiado, que sabía demasiado, que había visto demasiadas cosas, como al propio rey Goujian humillado, probando las heces de su rival, y tuvo la clarividencia de marcharse a tiempo, algo que no supo ver su amigo Wen Zhong. Y ya sabemos lo que pasó.

Trucos y advertencias

> Yo soy yo y mi circunstancia.
>
> José Ortega y Gasset

Aunque lleguemos a conocer el carácter de otra persona y estemos convencidos de que podemos confiar en ella, hay que tener en cuenta que cualquier persona puede verse obligada o impulsada a comportarse de una manera del todo contraria a sus principios éticos o su carácter, siempre y cuando alguna circunstancia extraordinaria la obligue a hacerlo. Por ejemplo, para salvar de la ruina a la persona que más ama.

Imagina que te la estás jugando: el análisis premortem

Si, como dice Konnikova, tomamos mejores decisiones en situaciones de riesgo, puede ser conveniente que, a la hora de tomar una decisión, nos situemos mentalmente en un escenario de cierto riesgo, incluso cuando no nos estemos jugando nada importante. Gary Klein propuso el análisis *premortem*, que consiste en imaginar un futuro en el que nuestro proyecto o negocio han fracasado, y entonces intentar detectar por qué ha sucedido, buscando los errores y debilidades.[2] La efectividad de estos escenarios futuros dependerá de la seriedad con la que nos tomemos la fábula, ya que diversas investigaciones han demostrado que el *storytelling*, contar cuentos, ver películas, leer novelas, puede activar las mismas hormonas que se activan en una situación realmente vivida, generando estímulos y respuestas eficaces.

Otros consejos de Fan Li

Además de las famosas 12 reglas, se conservan otras enseñanzas, consejos y salvaguardas atribuidos a Fan Li. Reunimos aquí los que nos parecen más interesantes en relación con cada una de las reglas de oro, aunque los lectores pueden consultarlos en un anexo final.

«Para cobrar deudas hay que conocer a las personas. Bajo ningún concepto prestes dinero sin criterio: perderás hasta el capital inicial.»
«Al emplear a alguien, hay que elegir a las personas íntegras. Bajo ningún concepto escojas a las deshonestas: será difícil confiarles cualquier responsabilidad.»
(*Las 18 reglas para hacer negocios*)

2

Debes ser amable

能接纳
礼文相待
交关者众

«Cuando tratamos a las personas con respeto y amabilidad, forjamos un buen número de relaciones.»

Se dice que Fan Li, tras retirarse al estado de Qi, acumuló una gran fortuna criando peces en estanques. Muchas personas acudían a él en busca de alimento.

Fan Li no solo les ofrecía peces, sino que también les enseñaba a pescar. Incluso llegó a escribir un manual sobre el arte de la piscicultura.

La cortesía abre puertas

Un gran amigo periodista sentía una profunda antipatía por la palabra *tolerar*.

Aunque la «tolerancia» suele tener un matiz positivo, sobre todo si recordamos la *Carta sobre la tolerancia* de Voltaire, que defiende que los estados deben respetar las opiniones ajenas, incluso cuando no están de acuerdo con ellas, a nuestro amigo le parecía que la palabra «tolerancia» poseía un matiz de condescendencia y no de verdadero respeto o diálogo.

Es cierto que muchas veces pensamos, casi siempre sin darnos cuenta, que somos más listos, más sensatos y más razonables que los demás, aunque también les concedemos el derecho a no ser tan perfectos como nosotros y «toleramos» sus defectos, que aceptamos como un mal menor. Basta observar los pequeños y breves abusos de poder, como aquel «Vuelva usted mañana» del que hablaba Larra, tan habitual en muchos funcionarios, que más que facilitar nuestras gestiones y resolver nuestros problemas parecen disfrutar poniendo cualquier traba imaginable.

Como esta actitud es tan frecuente, las empresas, los equipos directivos y los responsables de recursos humanos a menudo se ven obligados a enseñarnos la importancia no solo de aceptar o tolerar a los demás, sino de interesarnos sinceramente por sus necesidades, empleando esa expresión, no muy acertada pero sí descriptiva: *orientarnos al cliente.*

Es una verdadera suerte encontrar a un empleado que tiene que tratar con clientes y posibles compradores que sea amable de una manera espontánea y que no sienta la necesidad de demostrar lo listo que es y lo poco que sabe el incauto cliente. Muchas veces, por desgracia, tenemos la sensación de que los trabajadores parecen sentir cierto rechazo hacia el cliente.

Si la primera regla de Fan Li era conocer al otro, la segunda tiene que ver con ser capaz de empatizar con los demás, con los compañeros, proveedores y clientes, para tratarlos de forma educada y correcta. Si lo hacemos así, seguro que se crearán relaciones honestas y de confianza en el trabajo, y se abrirán puertas a nuevas oportunidades de negocio.

Ritos y cultura

Hemos traducido con las palabras *cortesía* y *amabilidad* dos caracteres chinos, *lǐ* (礼) y *wén* (文), que forman parte del entramado esencial de la filosofía clásica china, y en particular, del universo confuciano. Conviene, por lo tanto, que los analicemos con más detalle y profundicemos en la riqueza de sus significados.

El carácter *lǐ* (礼), que suele traducirse como 'rito', posee un significado mucho más amplio que 'amabilidad'. Abarca normas sociales, reglas de conducta, formas de cortesía y civismo, así como modos de relación que ordenan la vida en sociedad. En la tradición confuciana *lǐ* es fundamental para garantizar la armonía social y representa la manifestación visible e institucionalizada de las normas éticas. Su práctica contribuye a lo que se denomina *lǐ shēn* (立身), es decir, que cada persona sea moralmente íntegra.

Confucio destacó esta dimensión formativa y civilizadora y advirtió que, sin ritos, incluso las virtudes más nobles pueden desestabilizarse y desvirtuarse:

> Sin los ritos, la cortesía degenera en superficialidad; la prudencia se convierte en timidez; el valor se vuelve violencia; y la franqueza agresión.[3]

El carácter *wén* (文), por otro lado, alude al refinamiento cultural, la civilización y el cultivo literario. Engloba todo lo relacionado con la expresión estética y cultural: la literatura, la música, la historia, el arte y el aprendizaje.

En el pensamiento confuciano, *lǐ* y *wén* son elementos inseparables en la formación del caballero ideal o *jūnzǐ* (君子). Este principio se expresa en una enseñanza tradicional:

> El caballero amplía su conocimiento mediante la cultura (*wén*) y se perfecciona a través del ritual (*lǐ*).[4]

Tratar a los demás con *rito* y *refinamiento cultural* no solo previene la vulgaridad y el exceso, sino que fomenta relaciones humanas basadas en el respeto, la mesura y la excelencia moral. Confucio afirmaba que un gobierno fundado en los ritos era preferible a uno regido por leyes estrictas, ya que los ritos no solo regulan la conducta exterior, sino que transforman el carácter y generan una cohesión social más profunda y duradera. Aunque resulte sorprendente, Montesquieu, autor de *El espíritu de las leyes*, el libro que subraya la importancia de las leyes para un estado justo y equilibrado, y que estableció la distinción entre los tres poderes (legislativo, ejecutivo y judicial), afirmaba, sin embargo, que las costumbres y los modales pueden ser más importantes para la convivencia:

> Las leyes son una institución particular y precisa del legislador, y los modales y costumbres son una institución de la nación en general. De ahí se sigue que cuando se quieren cambiar las costumbres y los modales, *no se debe hacerlo por las leyes*; esto parecería demasiado tiránico. Es mejor cambiarlos por otros modales y otras costumbres.[5]

Montesquieu añade que si las costumbres y modales están corrompidos de nada servirán las leyes, por justas y razonables que sean.

Hay una anécdota en las *Analectas*, en la que también prevalece la ética por encima de las leyes. Confucio responde a un gobernador que elogia a un hombre por denunciar a su padre por el robo de una oveja:

> En mi tierra, la integridad se expresa de otro modo: el padre protege al hijo, el hijo protege al padre, y en ello también hay integridad.[6]

Un gran amigo, Óskar, que logró superar su adicción a la heroína en el Madrid de los años ochenta, después de haber dormido en bancos de la calle y tocado fondo, acabó dedicando su vida a ayudar a otros jóvenes a desengancharse de las drogas. Cuando le preguntamos cuál era el secreto de su éxito, nos respondió sin dudar: «Tratarlos con admiración y respeto». Había puesto en práctica, quizá sin saberlo, la sabiduría de Fan Li y Confucio.

Podemos afirmar que Fan Li fue un hombre íntegro: no se limitó a dar pescado a sus compatriotas, sino que les enseñó a pescar. Y no solo eso, sino que además compartió su conocimiento escribiendo un manual sobre la cría de peces en cautividad.

Trucos y advertencias

Siempre igual

Malcom Gladwell cuenta en *Blink* que en una ocasión buscó al mejor vendedor de automóviles y lo entrevistó para saber cuál era el secreto de su éxito. Aparentemente, ese hombre debía tener una extraordinaria intuición, al ser capaz de darse cuenta de cómo era cada nuevo cliente y de qué manera seducirlo. La sorpresa fue que el hombre le explicó que había sido un buen vendedor, pero no extraordinario, hasta que un día tomó la decisión de tratar a todos los clientes de la misma manera, con la misma amabilidad y atención, sin dejarse llevar por los prejuicios acerca de cómo vestían, hablaban o se comportaban. A partir de ese día sus ventas se multiplicaron. El respeto, y quizá incluso la admiración, fueron fundamentales en su éxito, además de evitar ser víctima de los prejuicios.

Conocemos a Fan Li

Un amigo chino que trabaja en un banco de Madrid y que parece la reencarnación moderna de Fan Li, pese a tener que enfrentarse a ciertas dificultades para conectar comercialmente con los españoles, consigue meterse a todo el mundo en el bolsillo. ¿Su secreto?

Primero, practica una escucha activa: atiende con interés real a lo que le cuenta el cliente al otro lado de la mesa; segundo, sabe ponerse en su lugar con una empatía natural; y tercero, esa conversación espontánea, siempre salpicada de pequeñas bromas, acaba creando una auténtica conexión.

El resultado es que el cliente termina confiando en él… y la venta surge sola, sin fricciones ni dramas. Eso sí, nuestro amigo no presiona al cliente para que firme cuanto antes, sino que le recomienda que lo consulte primero con la familia, o con la almohada. Tal vez ese es otro de los factores de su éxito.

Otros consejos de Fan Li

«No seas arrogante.»
(*Las 12 salvaguardas*)

«Hay que recibir con amabilidad
a los clientes, la impaciencia y agresividad
conllevan menos ventas.»
(*Las 16 enseñanzas del comercio*)

«Hay que recibir con amabilidad.
Bajo ningún concepto te muestres irritable:
los acuerdos serán pocos.»
«Habla con corrección y tranquilidad.
Bajo ningún concepto te dejes llevar:
así se arruinan muchos asuntos.»
(*Las 18 reglas para hacer negocios*)

3

Mantén la estabilidad y céntrate en el negocio

能安业
厌故喜新
商贾大病

«Debes ser capaz de mantener el negocio estable. Aburrirse de lo viejo y preferir lo nuevo es un gran peligro para los comerciantes.»

Cuando el rey Goujian atacó al rey Fuchai de Wu y fue derrotado, Fan Li y Wen Zhong lograron convencerlo para que no volviera a precipitarse, y que contuviera sus ansias de venganza. Entonces, con mucha paciencia, de manera metódica, concentraron todas sus energías en una doble tarea: fortalecer de nuevo el reino de Yue y debilitar el de su rival.

Se dice que la tarea, silenciosa y secreta, les llevó más de veinte años.

PARA, TEMPLA, Y MANDA

El otro, el cliente y los proveedores, son los protagonistas indiscutibles de las dos primeras reglas. Para empezar, hay que comprenderlos, después, actuar con virtud e integridad. En esta tercera norma, Fan Li pone el acento en un rasgo esencial del liderazgo: mantener la concentración no solo en los negocios, sino también en la vida personal. Resulta llamativo comprobar que ya en la China clásica existía un mal muy contemporáneo: la dispersión de la atención y la procrastinación.

Debemos evitar la impulsividad y el deseo constante hacia cualquier novedad que pase por delante. Como advierte Fan Li, «aburrirse de lo viejo y preferir lo nuevo es la gran enfermedad de los comerciantes»; y quizá también la de cualquiera que aspire a cierta serenidad. Es obvio que se trata de un peligro extremo en estos tiempos, en los que cada día nos anuncian una innovación tecnológica.

Conviene sopesar las decisiones para no quedar a merced de la incertidumbre o de los impulsos del momento. No venerar la novedad por la novedad misma y no entrar en batallas estériles con los competidores. Arriesgar a veces es necesario, por supuesto, pero conviene administrar el riesgo con inteligencia, observando y estudiando los ciclos comerciales para asegurar la permanencia del negocio.

Para Fan Li, observar los ciclos económicos era esencial para implementar los cambios necesarios:

subirse a la ola en el instante preciso, como dirían los surfistas. Se trata, nos advierte también Sun Tzu, del «cambio sin cambio», de la continuidad que se adapta, la flexibilidad que preserva la esencia. Evitar el exceso y abrazar la constancia.

No cabe duda de lo certera que es, aplicada al mundo de la empresa y el comercio, la célebre sentencia del torero Juan Belmonte: «para, templa, y manda», que podría servirnos como mantra a la hora de tomar decisiones. Es decir, detente a examinar serenamente las circunstancias y solo entonces toma la iniciativa adecuada.

Con la ayuda de su amigo Wen Zhong, Fan Li tardó veinte años en lograr que resurgiera el estado de Yue, mediante continuas reformas que fortalecieron su economía, desarrollaron la industria y modernizaron el ejército, hasta el punto de conseguir que el estado de Wu dependiera de Yue. La comparación con la política que ha seguido China en las últimas décadas, desde que Deng Xiaoping asumió el poder, es inevitable.

El barco de Teseo de Volkswagen

¿Qué se puede cambiar y qué no en un producto, una empresa o un sistema, para que funcione mejor? Se trata de una pregunta difícil de responder y que debe examinarse atentamente en cada caso. Para ilustrarlo vamos a recordar una historia que contaban los atenienses de la época clásica: el barco de Teseo.

Teseo, el héroe que venció al Minotauro, regresó a Atenas en un barco que los ciudadanos decidieron conservar como recuerdo de su gran hazaña. Sin embargo, con el paso del tiempo el barco se fue deteriorando, así que los atenienses, mes tras mes y año tras año, sustituían las pequeñas piezas envejecidas o rotas: un clavo, una soga, un tablón, por otras nuevas. De este modo, pasaron las décadas y los siglos hasta que un día los atenienses se dieron cuenta de que en aquel barco que tanto admiraban ya no quedaba ni un solo fragmento del que llevó a Teseo a Creta. Así que se preguntaron si se podía seguir llamando «el barco de Teseo».

La tentación es responder que no, que aquel ya no era el barco de Teseo. Pero entonces podemos preguntarnos cuándo dejó de serlo. ¿Quizá cuando perdió el 51 por ciento de sus piezas?

Y lo que es más inquietante: imaginemos que, a medida que se van sustituyendo esas piezas, conservamos y colocamos las viejas de tal modo que, finalmente, nos encontremos no con uno, sino con dos barcos. ¿Cuál sería entonces el barco de Teseo?

Podríamos considerar que es el barco construido a partir de las piezas sueltas que se eliminaron del barco original. O que ambos barcos son el barco de Teseo. O que ninguno de ellos lo es.

La historia del barco de Teseo sirve para plantear un dilema, el llamado problema de la identidad continua, algo que nos afecta a nosotros como seres humanos, puesto que una vez pasados veinte años todas nuestras células se renuevan (a nivel molecular) y, al menos desde el punto de vista puramente material, no conservamos nada de lo que fuimos. Se trata de un problema que inquieta a los empresarios y comerciantes, y también a los compradores y clientes: ¿qué es lo que hace que un producto mantenga su identidad? Es decir, cómo crearla y cómo mantenerla a pesar de los cambios.

¿Y qué tiene que ver el barco de Teseo con Volkswagen?

Mucho, particularmente con su modelo más famoso, el conocido popularmente como «escarabajo». Se trata de un automóvil con una identidad incuestionable, reconocible incluso por las personas que no tienen ni idea de automóviles. Pues bien, cuando Volkswagen quiso exportar este modelo a Estados Unidos, basó gran parte de sus exitosas campañas publicitarias en mantener la identidad continua del «escarabajo» a pesar de los cambios, como si fuera un barco de Teseo que cambia, año tras año, y que, sin embargo, siempre es el mismo.

En definitiva, Volkswagen, entendió lo que Fan Li formuló hace siglos: «Rechazar lo viejo y perseguir lo nuevo es la gran enfermedad del comerciante». Durante décadas, el Beetle o Escarabajo mantuvo su reconocible aspecto, pero bajo su capó se transformaba todo: motor, electrónica, seguridad.

El cliente encontraba lo que esperaba e incluso más, pero sin caer en la ansiedad de lo efímero.

En los negocios, también conviene cuidar lo que ya funciona y mejorarlo desde dentro. No todo cambio es progreso. A veces, la verdadera innovación es la continuidad.

Pero, veamos un ejemplo incluso más sorprendente de esta idea, que no se debió al ingenio de un mago de la publicidad, sino a un error y un fracaso que se transformó en éxito.

Coca-Cola, la demasiado dulce tentación

En 1985, Coca-Cola decidió modificar su fórmula para hacerla más dulce, con la intención de competir con Pepsi, cuya bebida era la preferida en pruebas de sabor. Empezaron a promocionar la gran revolución: «New Coke», la nueva Coca-Cola.

El resultado fue desastroso: los consumidores, lejos de celebrar el cambio, reaccionaron con furia. Se sintieron traicionados. La gente empezó a acumular cajas y cajas de la Coca-Cola de toda la vida antes de que desaparecieran del mercado, e incluso hubo protestas en programas de televisión y en ciudades de todo Estados Unidos. No era solo una cuestión de sabor, sino de identidad: Coca-Cola era el alma de América.

En menos de tres meses, la empresa se vio obligada a recuperar la fórmula original, bajo el nombre de Coca-Cola Classic. De manera paradójica, eso dio un impulso a Coca-Cola y le permitió recuperar el terreno perdido frente a Pepsi.

Esta historia moderna ilustra con precisión la advertencia de Fan Li: «Rechazar lo viejo y perseguir lo nuevo es la gran enfermedad del comerciante». No todo lo nuevo mejora lo anterior. A veces, lo que ya funciona no necesita ser reemplazado, sino comprendido, respetado y afinado con inteligencia. Renovado. Todos los publicitarios saben que la palabra mágica de la publicidad es «nuevo» («nueva fórmula», «nuevo envase», «nuevo tamaño»), pero eso es un reclamo para los compradores, y casi siempre un recurso puramente cosmético.

Por cierto, Coca-Cola sí cambió, aunque esta vez los consumidores apenas lo advirtieron, o al menos no se manifestaron para clamar por el retorno al pasado. La compañía sustituyó el azúcar de caña por jarabe de maíz de alta fructosa, una modificación asumida con sorprendente docilidad por el paladar nacional. En 2025, el presidente Donald Trump aseguró que se había reunido con los directivos de Coca-Cola para convencerlos de recuperar el azúcar de caña; una cruzada curiosa, considerando su conocida fidelidad a la Coca-Cola Light.

En cualquier caso, los cambios radicales, en especial cuando lo que intentan es adaptarse a las tendencias del momento, han llevado a la ruina a negocios que tenían una clientela fiel. Quizá durante un tiempo aumentan los beneficios gracias a la moda del momento, pero cuando esa moda pasa, los nuevos clientes se irán en busca de otras novedades y los antiguos no volverán.

Trucos y advertencias

Lo mismo, pero distinto

Cuando se presenta una nueva idea, uno de los consejos más repetidos en el mundo de la televisión es que no sea demasiado innovadora ni esté demasiado vista, lo que se resume en: «Es completamente diferente, pero lo mismo de siempre». Se dice que así es como David Simon, con la serie de policías *The Wire*, y David Milch, con la del salvaje oeste *Deadwood*, lograron convencer a la innovadora productora HBO de que comprara sus series, a pesar de que sus directivos proclamaban que HBO no tenía interés en series de policías, el salvaje oeste, abogados y otros temas convencionales.

Las prisas son malas consejeras

Cuando alguien asume un cargo en una nueva empresa, existe la tendencia a cambiar rápidamente las cosas, dejar una impronta personal, aplicar una nueva receta que mejore las ventas o el funcionamiento de la empresa. Sin embargo, siempre es mejor observar, analizar, sopesar con mucha calma, y solo entonces tomar decisiones que supongan un cambio significativo. Además, casi siempre hay cierta resistencia en los equipos, por lo que es necesario dedicar mucha energía personal en convencer a todos de los beneficios que esas transformaciones pueden aportar.

Otros consejos de Fan Li

«No corras tras la moda.»
(*Las 12 salvaguardas*)

4

Atrae la mirada y la pasión con la belleza del orden

能整顿
货物整齐
夺人心目

«Cuando organizamos y disponemos la mercancía de forma atractiva, cautivamos la atención de los clientes.»

Una de las tácticas que Fan Li y su amigo Wen Zhong emplearon en su estrategia para distraer al rey Fuchai de sus obligaciones consistió en tentarlo con bellas maderas ricamente trabajadas. No se limitaron a enviarle los troncos cortados de los árboles de Yue, sino que convocaron a los mejores artistas, carpinteros y ebanistas para que dieran forma a esas maderas, resaltaran toda su belleza e hicieran propuestas acerca de lo que se podía hacer con ellas, como bellos templos y hermosas torres.

Fuchai, de quien conocían su gusto por los objetos bellos y las obras únicas, cayó en la trampa y ordenó que miles de trabajadores emplearan todo su tiempo en construir torres y templos que proclamaran al mundo su buen gusto y su grandeza.

La belleza del orden

En esta cuarta regla de Fan Li se habla de la organización, pero se subraya la idea de ordenar o presentar la mercancía de forma cautivadora, para así poder captar la atención del cliente.

Longino, un escritor de comienzos del siglo I que, por supuesto, jamás imaginó que terminaría siendo citado en un manual acerca de cómo prosperar en los negocios, escribió *Acerca de lo sublime* para examinar este interesante concepto en su aplicación a lo literario. A diferencia de lo simplemente persuasivo, lo sublime (*hýpsous*) no cautiva o convence, sino que «asombra», nos lleva al éxtasis y nos «domina por entero». Longino afirma que lo sublime «pulveriza como el rayo todas las cosas y muestra en un abrir y cerrar de ojos y, en su totalidad, los poderes del orador».[7]

Alan Moore recoge esta idea y nos dice que la mercancía debe ser diseñada y ordenada de tal manera que «esté repleta de un optimismo que nos eleva espiritualmente».[8]

Lo «cautivador» significa literalmente en Fan Li «arrebatar la mirada y el corazón» (夺人心目, *duó rén xīnmù*), y se logra a través del orden visual y la armonía práctica, mediante la atractiva disposición de los productos. Aunque tiene que ver con lo estético, también lo trasciende, pues se trata de una estrategia de seducción que pretende conquistar al cliente con algo completamente irresistible.

Un mago escaparatista

Lyman Frank Baum, autor de *El maravilloso Mago de Oz*, ejerció una profesión que pocos sospecharán: escaparatista. Incluso escribió un manual: *El arte de decorar escaparates e interiores de mercería*. El escaparatista debe dominar la armonía de colores, el gusto, la composición y, sobre todo, lograr despertar el deseo de poseer. Un escaparate atractivo es la verdadera «ventana de negocio».

Baum recuerda en su libro a esos comerciantes que visitaban castillos y, en apenas minutos, sabían disponer sus productos de forma tan seductora que realzaban su valor; o los buhoneros que recorrían ferias con su vistosa mercancía; o los mercaderes de la antigua Bagdad, capaces de convencer a cualquiera de que un pedazo de barro cocido la noche anterior era un jarrón traído desde la lejana China. Porque la seducción no se limita a cómo se ordenan los productos: también incluye el significado que les atribuyen los posibles compradores, un significado que casi siempre depende del que nosotros mismos hemos creado con anterioridad.

Existe una relación directa y fundamental entre el enfoque de Lyman Frank Baum sobre el arte del escaparatismo y la importancia que la marca de ropa Zara, bajo la visión de Amancio Ortega, otorga a sus tiendas y edificios. Ambas filosofías coinciden en que la exhibición visual y la estética del espacio son la herramienta principal y más efectiva para la seducción comercial y la captación del cliente.

En primer lugar, tanto Baum como Ortega sitúan la presentación visual en el centro de la estrategia comercial, considerándola superior a otras formas de promoción. Baum sostenía que el escaparate era mejor publicidad que los periódicos y que si un escaparate es «lo suficientemente atractivo para detener la mirada del transeúnte, sus productos están medio vendidos». El objetivo es despertar en el observador la «codicia y el anhelo de poseer los bienes».

Zara, por su parte, no utiliza grandes campañas publicitarias, pues Ortega opina que «la mejor publicidad consiste en estar en la mejor calle». Sus tiendas y la composición de sus escaparates son el «punto de contacto con la demanda»[9] y el centro de su filosofía.

Además, la habilidad para organizar la mercancía de forma atractiva es un factor clave en el éxito de Zara, un reflejo directo del trabajo de escaparatista de Baum. Zara cuida con atención la presentación de sus escaparates para proyectar su imagen y conectar los diseños con los gustos del cliente. Los escaparatistas y diseñadores de interiores incluso reproducen las colocaciones de las prendas a escala real en un espacio subterráneo, en la sede central de Arteixo, para «anticipar la colocación» en las tiendas de todo el mundo.

Finalmente, Zara lleva los principios estéticos del escaparatismo a la arquitectura y al diseño integral de sus establecimientos. Traslada su filosofía comercial (diseño, innovación y rapidez de respuesta) a la «arquitectura de sus tiendas», estudiada y diseñada en la sede central.

Los objetos significativos

El escritor Joshua Glenn y el periodista Rob Walker de *The New York Times* decidieron hacer un curioso experimento. Reunieron todo tipo de objetos insignificantes, de esos que todos guardamos en un cajón desordenado en algún lugar de la casa y que nunca nos decidimos a tirar, pero que tampoco consideramos dignos de ser expuestos en nuestras estanterías: grandes botones de abrigos que ya no usamos, bolígrafos que nos regalaron en una boda, bolas de plástico en las que nieva cuando les das la vuelta, medallas de vírgenes y santos, muñecos de plástico que guardamos desde que éramos niños, viejas cintas de casete, pulseras de colores... Algunos de los objetos que seleccionaron Glenn y Walker eran francamente feos, y, sin ninguna duda, inútiles. Para que el experimento fuese más efectivo, ni siquiera eligieron sus propios objetos, sino que los compraron en eBay, con la intención de no conocer su origen. El experimento consistió en ponerse en contacto con diversos escritores y proponerles que cada uno de ellos escribiera un relato relacionado con cualquiera de los objetos.

Una vez que tuvieron una historia para cada objeto volvieron a ponerlos a la venta en eBay, junto con la historia correspondiente. El resultado fue que se vendieron a un precio mucho más elevado, ni más ni menos que un 2.700 por ciento más que su valor inicial. Las ganancias, eso sí, se destinaron a organizaciones sin fines de lucro.

Esta es, sin duda, una prueba excelente de lo importante que es organizar y embellecer lo que queremos vender. Darle valor nosotros mismos, no limitándolos a exponerlo sin más. Esa es una de las dotes más apreciadas de un buen vendedor en cualquier comercio. Y también una muestra de que la realidad a menudo no es lo que vemos, sino lo que nos cuentan. Los objetos parecen tener vida propia porque tienen una historia. Al fin y al cabo, en eso consisten las firmas en las ferias del libro: las ventas aumentan porque muchos lectores quieren tener en las páginas del libro que les gusta la firma de su autor. Ese libro ha dejado de ser un libro entre muchos otros, porque esa firma nos recuerda un encuentro que, aunque breve, ha sido significativo.

Una estupenda paradoja es que, después del primer experimento de los objetos significativos, se hicieron muchos más, a menudo en subastas en las que quienes adquirían los objetos sabían que las historias no eran verdaderas, que habían sido escritas por autores imaginativos. Sabían que ese pequeño busto de Napoleón nunca había sido el regalo que una anciana había recibido de su padre poco antes de que partiera al frente de batalla y ya nunca regresara. Sin embargo, a pesar de que sabían que esos objetos no se correspondían con las historias que los acompañaban, muchos compradores competían en las pujas, como Molly Peck, que logró adquirir cuatro de los objetos en una subasta, tras pujar por más de treinta. Para ella, lo significativo era el hecho mismo de participar en una subasta de objetos significativos, con el aliciente emocional y ético añadido de que los beneficios se destinaban a una buena causa.

Como señaló David JP Phillips en una conferencia TED, en 2018: «La ciencia mágica de contar historias», el proyecto «objetos significativos» es también una muestra del poder del *storytelling*, del arte de contar historias.

Brevísima historia del *storytelling* en el marketing

Por lo general, la publicidad siempre ha recurrido a la llamada forma asociativa, es decir, a la asociación de ideas. Coca-Cola se asocia con la alegría, Marlboro con la vida de vaqueros que viven en la naturaleza salvaje mientras se llenan los pulmones de humo de tabaco. Sin embargo, los publicitarios también conocen el poder irresistible del *storytelling*.

Uno de los ejemplos más célebres es el de Steve Jobs cuando presentó, a finales de 1983, el ordenador personal Macintosh. Lo hizo mediante un cortometraje dirigido por Ridley Scott, el director de la película de ciencia ficción *Blade Runner*. En aquel *storytelling* se veía a una joven atlética que, armada con un gran mazo, entraba corriendo en una sala llena de personas que estaban mirando fijamente a una pantalla, como si estuvieran hipnotizadas o lobotomizadas. En la pantalla aparecía el Gran Hermano, una metáfora de la empresa IBM que, según el relato de Jobs, pretendía imponer una única historia a la humanidad, un mismo pensamiento totalitario. La referencia, obviamente, era *1984* de George Orwell. Por suerte, allí estaba Apple, es decir la muchacha del mazo, para destruir la pantalla, y metafóricamente al Gran Hermano de IBM, «para que el año 1984 no se convirtiera en *1984*».

Aquel *storytelling* tuvo un éxito enorme, y muchas empresas se apresuraron a construir sus propios relatos, contando también su propia historia, en la que incluían no solo sus éxitos sino también sus fracasos. Eso provocó que también los políticos decidieran cambiar su forma de seducir a los votantes y, en vez de ofrecerles razones y promesas, les contaran historias emocionantes, porque descubrieron que a la mayoría de ellos no se les cautivaba mediante demostraciones, sino a través de las emociones, como el sentimiento de pertenencia o el amor y el odio.

No obstante, la historia del *storytelling* y su uso moderno, tanto en publicidad como en política, no es tan simple, no solo porque esos métodos ya se conocían mucho antes de los años ochenta, sino porque en la publicidad moderna sucedió lo contrario. El *storytelling* se empleó primero en la política y solo después se utilizó en publicidad. Fue Edward Bernays, sobrino de Sigmund Freud, quien, tras la Primera Guerra Mundial, acompañó al presidente Woodrow Wilson, y observó cómo fue acogido en Francia, que lo recibió como un gran héroe, por la contribución de Estados Unidos. Impresionado por la efectividad del *storytelling* que él mismo había ayudado a diseñar, aplicó la emoción de las historias, combinándolas con las ideas de Freud, para crear la publicidad moderna, que más tarde llamó «Relaciones Públicas», con el fin de escapar de las connotaciones que la palabra «propaganda» había adquirido tras su uso por Goebbels y los nazis.

¿Usabilidad o belleza?

Nos encontramos con una dicotomía muy propia del mundo digital. A la hora de crear o renovar una web se producen eternas discusiones y críticas: «Es que no se puede leer», «Es fea», «No me dice nada». Infinidad de veces, nos hemos encontrado con este problema y este tipo de debates. ¿Qué es más importante: la belleza de la página web o su funcionalidad?

Los estudios sobre diseño y usabilidad confirman una vieja verdad del mercado: la belleza atrae, pero la eficacia enamora. Dahlia Alharoon y Douglas Gillan,[10] en un experimento realizado en la Universidad Estatal de Carolina del Norte, demostraron que una web puede ser tan hermosa como se desee, con colores armoniosos, simetrías perfectas y tipografía impecable, pero si el usuario no encuentra el botón de pago, toda esa belleza se desvanece en un segundo.

Lo sorprendente es que otras investigaciones, desde las de Tractinsky[11] hasta las de Andreas Sonderegger y Jürgen Sauer,[12] muestran que los usuarios tienden a pensar que lo bello también es fácil de usar. Un buen diseño no implica que una web funcione mejor, pero consigue algo también valioso: que el usuario tenga más paciencia. Ante una interfaz atractiva, la gente perdona los fallos, insiste un poco más y confía en que, al final, todo saldrá bien.

Como vemos, los expertos en diseño suelen repetir que la belleza atrae y la facilidad de uso convence. Pero nosotros queremos reivindicar la usabilidad como una forma de belleza: silenciosa, funcional, transparente. Porque cuando un sistema responde con fluidez, cuando un botón se activa al primer clic, hay algo en esa precisión que despierta el mismo asombro que un poema o un reloj perfectamente sincronizado. Lo que ocurre es que ya lo hemos olvidado, y solo lo recordamos en un sentido negativo, es decir, cuando falla.

Porque detrás de cada acto de uso hay también una idea. Y las ideas, cuando son claras o efectivas, son bellas. No es solo el color o la simetría lo que cautiva al ojo: también lo hace la lógica del gesto, el orden invisible que permite que todo funcione. La belleza del uso es la belleza del sentido. Es algo parecido al arte contemporáneo, donde el título de una obra puede dar sentido a lo que vemos, como ocurre con *La condición humana* de René Magritte, en la que el cuadro dentro del cuadro revela la paradoja de nuestra percepción.

Chesterton decía que le parecía un milagro que un tren, tras pasar por Sloane Square, llegara siempre después a la estación Victoria. Esa es la misma sensación que produce una buena interfaz: una confianza casi mágica en que, por una vez, el mundo cumple su promesa. Pulsar un botón y que todo funcione tiene algo de milagro moderno, una pequeña prueba de que la utilidad, cuando roza la perfección, también puede ser arte.

Cuántas veces hemos encontrado páginas web que no convencen a nadie, simplemente porque no son legibles. No porque les falte color o movimiento, sino porque el ojo se pierde y la mente se fatiga. La verdadera estética, decía Goethe, es la que «no se nota», la que permite que la forma sirva al fondo, sin estorbarlo. En la web, como en el escaparate de un buen comerciante, la armonía no está solo en el adorno, sino en la claridad: en que el visitante sepa, casi sin pensarlo, dónde mirar, dónde hacer clic, cómo avanzar.

El diseño que obliga a pensar cada paso puede ser visualmente atractivo, pero no es bello en su totalidad. La belleza legible, la que guía y acompaña, es la que convierte el uso en placer. Y en eso, Fan Li habría estado de acuerdo: un orden que facilita la navegación y la lectura es también una forma de cortesía hacia quien mira.

Podríamos decir, sin temor a equivocarnos, que quizá los chinos tenían interiorizada esa idea de la simbiosis de significado y belleza: solo debemos fijarnos en la belleza de su escritura.

Trucos y advertencias

Compadezcan al cliente y al usuario

Kurt Vonnegut nos dice que escribir es, en el fondo, un acto de hospitalidad. No se trata de impresionar, sino de no perder al otro en el camino. Su consejo, válido tanto para escritores como para diseñadores, es simple y generoso, y por eso Suzanne McConnell lo empleó como título del libro en el que recoge la sabiduría narrativa de Vonnegut: *Compadezcan al lector. Para escribir con estilo.*

Otros consejos de Fan Li

«Las mercancías deben estar bien ordenadas.
Bajo ningún concepto las dejes en desorden:
será difícil controlarlas.»
(*Las 18 reglas para hacer negocios*)

Este consejo de Fan Li recuerda a los métodos que se emplean en los supermercados, en los que los alimentos de primera necesidad están al final de los pasillos, para que los consumidores vayan a por el pan o la leche pasando por el resto de los productos.

....

5

Reacciona a tiempo y decide con rapidez

能敏捷
犹豫不决
终归无成

«Debemos reaccionar con rapidez y perspicacia,
pues con la indecisión constante
no lograremos nada.»

Cuando Fuchai viajó al norte para reclamar el título de hegemón, Fan Li aconsejó al rey Goujian que atacara la capital enemiga, Gusu. La ciudad cayó con facilidad en ausencia de su soberano.

De vuelta a su reino, Fuchai negoció la devolución de la capital. A pesar de las advertencias de Fan Li, el rey Goujian accedió y le entregó la ciudad.

Tiempo después Fan Li asumió el mando del ejército de Yue y lanzó un ataque fulminante contra el reino de Wu. Sin el consentimiento de su rey conquistó la capital y acabó con el reino de Wu.

Tras la victoria, Fan Li le dijo al rey de Yue: «Me has nombrado general y he actuado como tal, acepto que ahora me condenes a muerte». Goujian lo perdonó y le ofreció la mitad del reino.

El asno de Buridán: la incapacidad de decidir

Este quinto principio de Fan Li tiene que ver con la toma de decisiones: saber decidir con sabiduría, sin que el miedo o la indecisión nos paralicen y sin que el nerviosismo o la impaciencia nos conduzcan a adoptar decisiones desesperadas. Fan Li era un hombre decidido, pues tomó las riendas del ejército y atacó la capital enemiga, incluso sabiendo que estaba desafiando la voluntad del rey y que ponía en juego no solo su cargo, sino su propia vida. En filosofía existe una paradoja llamada «el asno de Buridán» que ilustra los peligros de la indecisión.

Jean Buridán era un monje que siempre dudaba de cualquier afirmación, por lo que sus rivales imaginaron a un asno que se hallaba entre dos montones de paja exactamente iguales y situados a la misma distancia. El pobre asno, al verse incapaz de decidir entre uno y otro, se moría de hambre.

Para evitar comportarnos como el asno de Buridán, Fan Li nos advierte: «No caigas en la pereza» e insiste: «Los negocios requieren dedicación. Bajo ningún concepto seas perezoso: la pereza conduce al fracaso». Un líder debe ser alguien que no rehúya el trabajo, que conozca el negocio y que sea capaz de decidir incluso en situaciones en las que hay tantas o tan pocas razones para tomar una resolución como la contraria.

Ahora bien, es cierto que en determinados momentos hay que ser capaz de actuar para no perder una oportunidad, aunque eso suponga cierto riesgo, pero también es preciso recordar que la toma de decisiones casi siempre afecta a otras personas y a la gestión del trabajo, por ello es necesario compartirlas con el equipo y saber escuchar con atención las críticas y las discrepancias. «No seas terco», nos dice también Fan Li.

Escuchar al equipo no solo ayuda a tener un mejor conocimiento de las consecuencias de las decisiones, sino que, además, y quizá esto sea lo más importante, activa la creatividad y refuerza la identificación del equipo con la empresa. Para lograr una comunicación efectiva, el líder debe encajar bien las críticas, comunicar de manera convincente las decisiones finales y saber delegar.

¿Y qué tiene que hacer el equipo?

El equipo debe ser proactivo y ágil, pero también flexible. Olvidar tanto la procrastinación como la perfección extrema, al menos cuando impide la resolución de los problemas y el cumplimiento de los plazos, e implementar los cambios que sean necesarios en sus métodos de trabajo. Comprobamos esta actitud, quizá cultural, en las calles de España, donde los negocios de los ciudadanos chinos se adaptan con rapidez: lo que ayer era un bazar, hoy se transforma en una ferretería y, mañana, en una tienda de ropa o en un bar. Siempre debemos tomar con precaución cualquier generalización, pero es admirable el pragmatismo del pueblo chino comparado con cierta inacción y, en ocasiones, con un malentendido romanticismo quijotesco español, de hidalgos que no se preocupan por los «pequeños detalles».

¿Aplicó Fan Li el *wuwei* del taoísmo?

Uno de los conceptos más fascinantes del taoísmo chino es el *wuwei.*

Wuwei significa literalmente 'no hacer', por lo que muchos lo interpretan como una invitación a la inactividad, a la no intervención, en definitiva, a no hacer nada. Sin embargo, la interpretación del *wuwei* no es tan simple. No vamos a entrar aquí en una disquisición filosófica profunda acerca de esta idea taoísta, y nos limitaremos a interpretarla desde el punto de vista de un comerciante, de un jefe de equipo, de un director que tiene que llevar adelante un proyecto. En este sentido, *wuwei* puede interpretarse, más que como no actuar, como *no actuar cuando es innecesario hacerlo,* y en especial en aquellas ocasiones en las que nuestra intervención puede entorpecer algo que está funcionando perfectamente. Como dijo Napoleón: «No interrumpas a tu enemigo cuando está cometiendo un error», un principio que es aplicable no solo en el terreno militar, sino también en la política o en el mundo de la competencia entre empresas. Pero conviene recordar que también es válido: «No interrumpas a tu equipo cuando está trabajando de manera eficaz». No obstante, cuando el enemigo no comete errores y cuando tu equipo no trabaja bien, entonces debes actuar e intervenir.

Entre las diferentes tipologías de directores de programas o series de televisión, un terreno que conocemos muy bien, hay dos que llaman especialmente la atención. La primera es la del director que interviene constantemente, que quiere modificar de alguna manera cualquier propuesta que no proceda de él o de ella, que el martes critica un guion por una característica determinada y el miércoles lo critica por la contraria. Son directores que están convencidos de que deben aplicar, de una manera tenaz, la etimología de su cargo: deben «dirigir», pero no a un equipo, sino todo. Sienten que si no se hacen notar, que si aceptan el trabajo que les están presentando sin añadir algún comentario, entonces no están desempeñando su sagrada función de «dirigir». Es difícil trabajar con esta clase de directores.

El otro tipo se comporta de manera diametralmente opuesta: todo les parece bien, nunca tienen nada que opinar, no establecen una planificación clara en el trabajo, no reparten las funciones según las capacidades de cada una de las personas que trabajan para ellos, dejan que las cosas avancen solas, aunque lo hagan en la dirección equivocada, y solo intervienen cuando los problemas son irremediables y las crisis inevitables. Tampoco es fácil trabajar con ellos.

Como los lectores ya habrán adivinado, lo recomendable se encuentra en un aristotélico término medio, en un director o directora que se toma el tiempo necesario para decidir cuáles son los objetivos, qué planificación hay que seguir, cuáles son los plazos, qué capacidades tiene el equipo y cómo lograr qué tanto los objetivos como los plazos y el trabajo del equipo se combinen de la mejor manera posible. Alguien que, además, se anticipe a los problemas, que prevea lo que va a suceder, que escuche atentamente a su equipo para detectar las debilidades y fortalezas de la estrategia que se está llevando a cabo, que no interfiera en lo que ya funciona, pero que reaccione y corrija lo que no funciona. En ese sentido es como debemos interpretar el *wuwei* aplicado a la empresa, al mundo del comercio y a la economía. Podemos estar seguros de que si Fan Li fue taoísta o si perteneció a la escuela Huang-Lao, es decir legalista-taoísta, o si aplicó, quizás *avant la lettre,* la idea del *wuwei,* sin duda lo hizo de la manera que acabamos de describir. Para la escuela de Huang-Lao, el gobernante sabio no debe actuar con esfuerzo (*wu gong*) y debe alejarse de la conceptualización excesiva, para observar los resultados en la quietud y el vacío, es decir, sin mancharlos con su ego y sus propios prejuicios.[13]

Porque cuando Fan Li nos dice que hay que mantener la estabilidad, algo que ya sabemos que hizo en los largos años de reconstrucción en Yue, eso no quiere decir no actuar, pues una de las maneras de mantener la estabilidad económica consiste en la intervención del gobierno para corregir desviaciones o injusticias que, además, podrían revelarse finalmente como una fuente de inestabilidad. Cuando dice que hay que sentirse satisfecho con lo viejo, con lo que ya existe, y que no hay que querer cambiarlo todo constantemente, eso no significa que no se deba actuar, o incluso preferir lo nuevo si las circunstancias así lo exigen.

En muchas situaciones, un periodo de estabilidad o un producto que ha funcionado perfectamente durante muchos años ya no tiene futuro, y es de sentido común darse cuenta de ello lo antes posible. Lo que no es tan fácil es saber cuándo eso sucederá. Por lo tanto, debemos cultivar otra de las características que hicieron célebre a Fan Li: distinguir el momento adecuado, lo que los griegos llamaban *kairós* y los chinos *jie*, es decir, la ocasión oportuna. Analizaremos este concepto tan importante en la regla número 10.

El cambio permanente y la fascinación por la herramienta

En los últimos cuarenta años se han producido numerosos cambios tecnológicos que han convertido productos y empresas, que habían alcanzado un éxito enorme, en obsoletos. Ya casi nadie se acuerda de los reproductores de música llamados *walkman*, de los CD y ni siquiera de sus sucesores, los DVD, que fueron sustituidos primero por los iPod y después por la memoria sólida, finalmente integrada en los *smartphones*. Una empresa que se hubiese dedicado a mantener alguna de esas líneas de productos y se hubiese negado al cambio, se habría condenado a sí misma al suicidio comercial.

Muchas veces no tenemos tiempo para aprovechar y desarrollar todas las potencialidades de un nuevo producto, porque enseguida se queda obsoleto y es sustituido por otro. Hoy, más que nunca, vivimos en lo que Siegfried Kracauer llamó, en los años sesenta del siglo xx, la «fascinación por la herramienta». Por supuesto, existen excepciones. Una de las más llamativas es la de los discos de vinilo, que, tras su aparente muerte, han recuperado a un público entusiasta.

Otro de los aspectos en los que incide Fan Li es que el líder debe estar sereno a la hora de tomar una decisión:

> Los que deciden deben estar tranquilos; actuar a lo loco conduce a muchos errores.[14]

En situaciones de crisis, el líder debe tomarse su tiempo para no dejarse llevar por el frenesí. Pocas veces las decisiones cruciales deben tomarse en el momento. La rapidez y agilidad no implica precipitación.

En una ocasión, uno de los autores de este libro, nada más llegar al estudio de televisión en el que se grababa el programa que dirigía, fue recibido por los directivos, que le comunicaron que se cancelaba la grabación por problemas en el contrato. Todos, su equipo madrileño y los responsables del estudio barcelonés, le exigieron una respuesta inmediata allí mismo, en el propio estudio. La situación parecía imposible de solucionar, pero él prefirió no dar una respuesta concluyente e invitó a todos a tomar un café. Una vez tranquilizados los ánimos tras un buen desayuno y algunas bromas, desaparecida la tensión, se logró llegar a un acuerdo y grabar el programa.

La conclusión, en definitiva, podría ser que el comerciante sabio no cambia por ansiedad, moda o nerviosismo. No fuerza el cambio, sino que lo acompaña cuando es necesario. Eso es *wuwei* aplicado al comercio: no intervenir cuando no hace falta, no renovar por capricho, no destruir lo que funciona. Aunque, insistimos de nuevo, en ocasiones es preciso actuar de manera decidida, pero sin precipitación.

Trucos y advertencias

Huye de la perfección: Hacker way

En 2012, Mark Zuckerberg contó a sus inversores su filosofía de trabajo: no esperar lo perfecto, sino probar, aprender y mejorar sin parar. El método es simple: haz un prototipo cuanto antes y deja que la realidad te diga si funciona. Estas eran algunas de las reglas del *tao* del *hacker.*

Impacto primero. Concéntrate en lo que de verdad importa. Lo demás es ruido. Resuelve lo importante y no te entretengas en detalles.

Avanza rápido. En Meta lo resumen así: «Muévete rápido y rompe cosas». Si nunca rompes nada, es que vas demasiado lento.

Atrévete. Sin riesgo no hay innovación. «Lo más arriesgado es no arriesgarse.»

Comparte. Una cultura laboral abierta, donde la información fluye, multiplica las buenas decisiones.

Aporta algo al mundo. Los productos pensados para generar valor social suelen ser los que triunfan de verdad.

«Hazlo mal cuanto antes, de principio a fin»

Para superar la indecisión y evitar el bloqueo, solo hay un camino: trabajar y llevar la idea a lo concreto, a algo que pueda verse, leerse, saborearse u olerse. En la toma de decisiones siempre hay que avanzar sobre algo real. Por eso insistimos en *romper cosas.* Como escribe Daniel Tubau en *La musa en el laboratorio,* al enfrentarte a un libro, un guion o cualquier invención, «hazlo mal cuanto antes, de principio a fin». El libro recomienda escribir o crear «de cualquier manera», aceptando desde el primer momento la necesidad de equivocarse. La lógica es simple: cuanto antes te equivoques, antes encontrarás el camino correcto, igual que Edison descubrió «cien maneras de no hacer una bombilla». El objetivo es producir un primer borrador completo, «crear un monstruo», imperfecto pero concreto, sobre el que luego puedas comenzar la verdadera labor de revisión y mejora:

> Haz pruebas, bocetos, borradores, escribe diálogos sueltos, escenas que no sabes donde irán, traza mil y un esquemas y luego rómpelos. Escribe de cualquier manera, haz las cosas mal, hazlo cuanto antes de principio a fin. Cuanto antes lo hagas mal y antes te equivoques, antes encontrarás el camino para hacerlo bien.

Por supuesto, esta es la mejor manera de avanzar en el trabajo, pero en las fases finales y en las sucesivas revisiones podremos corregir implacablemente los errores, siempre mejorando el producto o el proyecto.

·········· Otros consejos de Fan Li ··········

«No seas indeciso.»
«No caigas en la pereza.»
(*Las 12 salvaguardas*)

«Los negocios requieren dedicación.
La pereza conduce al fracaso.»

«Ante una tarea, hay que cumplir; si se abandona
el deber, el perjuicio es enorme.»
«Las transacciones deben hacerse
a tiempo; posponerlas conlleva perder
oportunidades favorables.»
«La calidad debe distinguirse con claridad;
actuar con negligencia conduce a la confusión.»
(*Las 16 reglas del manual del comerciante*)

«Los negocios requieren dedicación.
Bajo ningún concepto seas perezoso:
la pereza conduce al fracaso.»
«La compraventa debe hacerse a tiempo.
Bajo ningún concepto la demores:
se pierden las buenas oportunidades.»
«Una tarea debe desempeñarse
con responsabilidad. Bajo ningún concepto
la delegues a la ligera: el perjuicio
puede ser enorme.»
(*Las 18 reglas para hacer negocios*)

....

6

Debes ser eficiente en el cobro

能讨帐
勤谨不怠
取讨自多

«Si somos capaces de cobrar las deudas y somos diligentes en vez de negligentes, los beneficios llegan de manera natural.»

Se cuenta que cuando Fan Li era el señor Zhu de Tao, llegó al mercado del estado de Lu, donde los mercaderes carecían de tiendas y capital. Caminó entre los puestos y proclamó que, si excavaban en las huellas de sus pasos tres días después, hallarían una fortuna.

Cumplió su palabra, pues bajo cada huella encontraron un lingote de oro. Fan Li sólo les pidió comerciar con honestidad y devolver el préstamo en dos años, con intereses «a su discreción».

Los comerciantes prosperaron y dos años después cumplieron su promesa.

El peligro de las deudas impagadas

A comienzos del siglo XXI, cuando los móviles aún no habían colonizado nuestras vidas, sonó el teléfono fijo en casa de un amigo. Este descolgó y, con voz aflautada, fingiendo ser una mujer, despachó amablemente a su interlocutor, diciéndole que la persona que buscaba no estaba en casa porque se encontraba en el Hospital de La Paz, a punto de ser operado. Colgó y estalló en carcajadas. Los que estábamos allí presentes entendimos enseguida la pantomima: una empresa de recobro le exigía un pago, y no con buenos modales. Le habían amenazado con incluirlo en una lista de morosos, o como se dice técnicamente, en un fichero de solvencia patrimonial.

La anécdota resulta graciosa y recuerda las películas de simpáticos timadores, como *El golpe*, pero si te toca el papel del prestamista o acreedor, la situación no resulta tan divertida. Tal vez necesitamos que nos abonen esa deuda para pagar la hipoteca o la reforma de la casa.

Estos problemas, claro, también aumentan con la cantidad, como resume la repetida sentencia: si debes 10.000 euros al banco, tienes un problema; si debes diez millones, el problema lo tiene el banco. La frase refleja muy bien la dependencia entre acreedor y deudor. Y también es un ejemplo de la sexta regla de oro de Fan Li: hay que ser capaz de cobrar las deudas.

Si hay algo que suele preocupar a las escuelas de negocio y recorre como un empecinado meme los despachos de los directores financieros es el control de deudas y pagos, la salida y la entrada del dinero, en definitiva, el flujo de caja o *cash flow*. En ese punto es donde, según los expertos, tropiezan siempre los emprendedores primerizos. La vida financiera, ya se sabe, es un tiovivo de entradas y salidas.

Resulta tentador pensar que basta con cobrar puntualmente para mantener a raya la tesorería, porque no siempre hay una relación directa entre el control de caja y la gestión de las deudas. Se puede tener un problema de liquidez incluso no teniendo impagados y cobrando a tiempo, simplemente porque los ingresos esperados no llegan. En otras palabras, la caja depende tanto de cómo entran los cobros como de cómo salen los pagos.

Es curioso que Fan Li, que vivió en la China de hace dos mil quinientos años, concediera más importancia a gestionar el cobro que a aumentar las ventas, un asunto que ni siquiera figura entre sus doce reglas de oro. La lección, en cualquier caso, es la siguiente: si quieres abrir un negocio, debes saber cuándo y cómo cobrar, así como conocer tu capacidad de endeudamiento.

Es conveniente, además, no fiarse ciegamente de las cuentas. Parece extraño, pero tiene su porqué: una venta a crédito es una promesa que se considera un activo en el balance, aunque no se haya cobrado. Es un futurible. Si no se cobra y el efectivo no llega, ese dinero no entra en la empresa. No habremos perdido solo el beneficio, sino que habremos perdido el coste entero de la venta. Se puede tener una empresa rentable y unas expectativas magníficas, pero si falla la liquidez el porvenir se desploma. Puede ocurrirnos como a esos aristócratas de novela: viven en castillos, tienen fincas y hectáreas de terreno... pero no pueden pagar su propia cena. Ese es el riesgo: si no cobramos las cuentas que nos adeudan y pagamos las que debemos, la liquidez se evapora.

Existen técnicas eficaces para conseguir un nivel de caja que permita llevar a cabo las operaciones de una empresa. La clave es un plan de tesorería realista, e incluso algo pesimista, que nos ayude a estar preparados ante situaciones complejas e inesperadas, con previsiones mes a mes, que permitan anticiparse a los baches. También conviene negociar bien los pagos aplazados y, siempre que se pueda, asegurarse de que la mayoría de los cobros se realicen por adelantado. Por último, vigilar de cerca los gastos fijos y optimizar el inventario.

En este sentido, uno de los consejos que se ofrecen en *Las 16 enseñanzas del comercio,* es el siguiente:

> El manejo de los pagos y los cobros debe hacerse con cuidado, ya que la falta de atención desencadena numerosos errores y omisiones.

En *Las 18 reglas para hacer negocios* el tono se endurece:

Para cobrar deudas hay que conocer a las personas. Bajo ningún concepto prestes sin criterio: perderás hasta el capital inicial.

En definitiva: con las cuentas hay que tener cuidado, desglose, aplicación y disciplina. Los chinos emplean la expresión *qínjǐn* (勤谨), que podemos traducir como 'diligente', palabra poco usada hoy en día en español pero que es muy precisa: del latín *dīligēns*, «quien ama especialmente», «quien pone amor y celo en lo que hace». Dicho de otro modo: quien es capaz de desarrollar una pasión calculadora y tiene marcado a fuego que *cash is king*.

Detectar al moroso

Recordemos que, en la primera regla, Fan Li hablaba de saber distinguir el carácter de los colaboradores, es decir, saber discernir entre quién te puede engañar o quién se puede convertir en un aliado confiable. Por eso, la salvaguarda número diez dice: «No fíes sin criterio», y en *Las 16 enseñanzas del comercio*, se insiste: «Para cobrar deudas hay que conocer a las personas; conceder créditos de forma indiscriminada conlleva perder el capital».

En el ámbito empresarial chino, este aspecto a veces es un tanto complejo porque las relaciones de negocio a menudo se mueven en un entorno del sistema de favores o *guānxi* (关系). Con frecuencia, la garantía de devolución de una deuda depende de no perder prestigio ante el prestamista, o como lo expresan los chinos: *méi miànzi* (没面子), no *perder el honor*, no perder la reputación.

La vergüenza social es una de las cosas que los chinos más temen, así que tener miedo a perder el honor por no devolver una deuda puede ayudar, pero no garantiza al cien por cien la devolución. Para el profesor Wee Chow Hou este es uno de los grandes problemas a los que deben enfrentarse los pequeños empresarios chinos. Wee explica también que en Occidente se suele ser más legalista, y, por lo tanto, más garantista.[15]

No obstante, desde que Xi Jinping llegó al poder, en 2012, el Gobierno chino ha intentado reducir la influencia del *guanxi*, tanto en la administración pública como en el mundo de los negocios. Su campaña anticorrupción no solo pretendió castigar el soborno, sino también romper las redes de relaciones y las cadenas de intereses, y construir un sistema de funcionamiento del poder basado en la transparencia y el Estado de derecho.

Sin embargo, como advierten los investigadores Wang Jianjun y Cong Zhu,[16] en China, las relaciones personales siguen desempeñando un papel relevante en el éxito empresarial. Aunque el *guanxi* tradicional se ha visto limitado por las nuevas normativas, continúa influyendo en la confianza, la lealtad del cliente, el control de los canales de distribución y el rendimiento de las empresas. En la práctica, no ha desaparecido, sino que se ha transformado: el llamado «nuevo *guanxi*» opera a través de redes más institucionalizadas, como asociaciones empresariales, contactos académicos o plataformas digitales como WeChat, donde las conexiones se gestionan de forma más profesionalizada, aunque mantienen el mismo principio fundamental: la importancia de la relación personal para el desarrollo de los negocios.

Las relaciones con el cliente

La capacidad de devolver un crédito no siempre es fácil de determinar. Para reducir la incertidumbre, las entidades financieras emplean sistemas automatizados que recogen e intercambian una enorme cantidad de datos con el fin de medir la fiabilidad de cada cliente. Estos programas, conocidos como *sistemas de análisis de riesgo crediticio* o *credit scoring*, registran la historia económica de una persona: si ha comprado una vivienda o un automóvil, si ha solicitado préstamos y cómo los ha devuelto, si ha cumplido puntualmente con sus pagos o ha incurrido en impagos. Con toda esa información se elabora una puntuación, una cifra que resume su solvencia y que, en cierto modo, convierte la confianza en un número. Además, para cubrirse, piden algún tipo de garantía.

La capacidad de crédito de una persona es más importante de lo que puede pensarse, porque para crear una empresa, comprar una casa o un lavavajillas, muchas veces se necesita el soporte del banco.

Cuidado con la ambición

En España, la crisis de las hipotecas no se produjo exactamente como en Estados Unidos, pero sí compartió el mismo mecanismo de fondo: los bancos habían concedido hipotecas, a pesar de existir un grave riesgo de impago. Y no solo eso, sino que, además, se concedía incluso más del cien por cien del valor de la vivienda, por ejemplo, para hacer una obra o comprar los muebles. Este procedimiento, que a primera vista parece una locura, lo aplicaron los bancos porque eran conscientes de que no tenían por qué cargar con todo el riesgo en sus balances.

El fondo de la cuestión fue la llamada titularización masiva. Los bancos, con una creatividad digna de elogio si no fuera por las consecuencias, decidieron empaquetar miles de hipotecas, buenas, malas y regulares, y transformarlas en productos financieros que lanzaban al mercado como si fueran productos seguros. Lo que antes era una deuda, un simple «debe» en sus libros, pasó a convertirse en un activo, algo que generaba dinero inmediato. Con ese nuevo dinero fresco, los bancos podían seguir haciendo lo que más les gustaba: conceder más créditos.

Hasta ahí, todo bien…, o al menos eso parecía. El problema llegó cuando la máquina del dinero rápido empezó a girar más deprisa de lo que el sentido común podía seguir. La codicia sustituyó al juicio y los préstamos empezaron a concederse a cualquiera que los solicitase, aunque su situación financiera fuera insostenible. Cuando esas personas dejaron de pagar, la burbuja inmobiliaria estalló, el precio de la vivienda se desplomó y el castillo de naipes financiero se vino abajo de forma estrepitosa.

Fan Li se habría cortado las venas ante semejante espectáculo: ¡la deuda convertida en riqueza y la confianza reducida a una mercancía falsa! El crédito no es solo una cifra, sino la fe en que el otro cumplirá su palabra.

Trucos y advertencias

No te dejes seducir fácilmente

Conviene recordar una verdad elemental: cuando se trata de dinero, no te dejes seducir por la simpatía del comercial ni por los temores que despierta el hecho de no estar asegurado. Sé consciente, no firmes en el acto, no te comprometas con créditos que no puedas pagar.

Otros consejos de Fan Li

«No fíes sin criterio.»
(*Las 12 salvaguardas*)

«Las cuentas deben revisarse; de no hacerlo,
el capital se estanca.»
«Para cobrar deudas hay que conocer
a las personas; conceder créditos de forma
indiscriminada conlleva perder el capital.»
(*Las 16 enseñanzas del comercio*)

«Para cobrar deudas hay que conocer
a las personas. Bajo ningún concepto prestes
sin criterio: perderás hasta el capital inicial.»
«Entradas y salidas deben hacerse con cuidado.
Bajo ningún concepto actúes con negligencia:
el descuido crea muchos errores.»
«Las cuentas deben ser revisadas.
Bajo ningún concepto seas negligente:
el capital se estancará.»
(*Las 18 reglas para hacer negocios*)

7

Selecciona y gestiona bien a los empleados

能用人
因才器使
任事有赖

«Si somos capaces de asignar a cada persona
la tarea adecuada a su talento, podremos confiarle
la responsabilidad.»

Tras perder la guerra con el estado de Wu, el rey Goujian, derrotado y sin esperanza, le pidió a Fan Li que gobernara su reino. Pero Fan Li rechazó el cargo y convenció al rey de que debía nombrar a Wen Zhong, porque pensaba que su amigo estaba mejor dotado que él para gobernar un estado. En cambio, pensó que él sería más útil si acompañaba al rey durante los largos años que duró su servidumbre bajo el rey Fuchai.

En cada puesto elige al mejor

Del mismo modo que Fan Li demostró conocerse a sí mismo al renunciar a un puesto tan importante como gobernar un estado, también supo elegir a las personas que podrían ayudarlo a recuperar la gloria de Yue.

Una de ellas fue Xi Shi, una mujer que no solo fue elegida por su hermosura, sino también por su carácter y talento. La misión no era fácil y su vida correría peligro, pues sería sentenciada a muerte si la descubrían. Se dice que Fan Li la educó durante meses para que destacara en todas las artes y estuviera preparada para enfrentarse a cualquier situación. Su misión era seducir al rey Fuchai, de tal modo que se olvidara de sus deberes como gobernante.

Fan Li y Wen Zhong repararon también en que necesitaban a alguien capaz de entrenar al ejército de Yue para que fuera más temible y eficaz. Buscaron por todas partes hasta que encontraron a Yuenü, una mujer guerrera que superaba a cualquiera con la espada y que, además, conocía a fondo la táctica y la estrategia militar. Ella se encargó de entrenar a los soldados, y algunos dicen que también aportó un arma nueva y devastadora al ejército de Yue, la ballesta.

De este modo, Fan Li y Wen Zhong colocaron a las personas más capacitadas en los puestos de mayor responsabilidad, no importaba su procedencia, ni su sexo o si pertenecían a las mejores familias. Lo único que les importaba era que pudieran desempeñar su tarea de la mejor manera posible.

No obstante, la anécdota que muestra de manera trágica lo importante que resulta saber elegir a la persona adecuada para cada tarea nos la cuenta el gran historiador Sima Qian.

Cuando Fan Li vivía retirado en el estado de Qi y había adoptado el nombre de Tao Zhugong, su segundo hijo fue condenado a muerte en un estado vecino. Fan Li decidió enviar a su hijo menor para que intentara salvarlo. Sin embargo, su decisión iba en contra de la tradición, que prescribía enviar al hermano mayor, por lo que el primogénito protestó y reclamó asumir la responsabilidad que le correspondía. Insistió tanto que su padre terminó por ceder, aunque le advirtió que debía visitar al maestro Zhuang Sheng, un antiguo amigo suyo, y entregarle un saco de monedas. Después debía acatar todo lo que le dijera y marcharse ese mismo día de la ciudad.

El hijo visitó al maestro y le entregó el dinero, pero en lugar de marcharse como le había indicado su padre, decidió, por iniciativa propia, sobornar a unos consejeros del rey, con la intención de acelerar la liberación de su hermano. A continuación, creyendo que había resuelto el asunto, volvió a casa del maestro Zhuang para reclamarle el dinero. El maestro se lo devolvió sin rechistar, pues su intención era hacerlo por propia voluntad una vez que estuviera resuelto el caso.

Lo que ignoraba el primogénito de Fan Li era que el maestro ya había intercedido ante el rey y que había logrado convencerlo para que dictara una amnistía para todos los presos. El rey había firmado la amnistía, y era cuestión de tiempo que el hijo de Fan Li fuese liberado. Sin embargo, el maestro se enteró de que el primogénito había sobornado a los ministros del rey, y no solo se sintió ofendido personalmente, sino que consideró que aquello comprometía el prestigio del reino. Acudió de nuevo ante el rey y le dijo que en el pueblo circulaba el rumor de que la amnistía se había conseguido gracias a un soborno. El rey revocó entonces la amnistía y ordenó la ejecución de los presos. El segundo hijo de Fan Li fue ejecutado y el primogénito regresó avergonzado.

Cuando a Fan Li le llegó la trágica noticia, apenas reaccionó con emoción, sino que la aceptó resignadamente. Explicó que ya temía que todo acabaría de esa manera, puesto que conocía muy bien el carácter de sus hijos. Su intención inicial, como sabemos, había sido enviar a su hijo menor, y no al primogénito, porque el hijo menor había crecido cuando Fan Li y su familia ya vivían en la opulencia. Por eso, el hijo menor era menos calculador con el dinero y, por lo tanto, más adecuado para esa misión. En cambio, el primogénito había sufrido privaciones en su niñez y lo valoraba demasiado, lo que acabó arruinando el plan. En consecuencia, el doloroso desenlace no se debió a la falta de previsión, sino a que Fan Li se dejó convencer por la insistencia de su hijo mayor.

Cualquier persona que dirija un equipo tiene que saber quiénes pueden desempeñar mejor cada tarea y debe llevar a cabo una buena selección. Esta cuestión suele delegarse al departamento de Recursos Humanos, que, aunque puede ejercer un primer filtro en ciertos casos, no debe tener la última palabra acerca de los aspirantes, ya que esta es responsabilidad de las personas implicadas en el proyecto, que son las que conocen las verdaderas funciones que deberá llevar a cabo el candidato.

En ciertos casos, es preferible seleccionar a una persona con una menor capacidad demostrada, pero con una mayor disposición para aprender y trabajar en equipo. O incluso con mejor carácter. En *Las 16 enseñanzas del comercio*, Fan Li se refiere expresamente a este aspecto:

> Al emplear personal, hay que elegir a los rectos; si son astutos y deshonestos, se sufrirá por su culpa.

Hay personas de mucho talento, pero que tienen mal carácter, y empleados que se muestran soberbios o envidiosos de los éxitos de sus compañeros y del talento ajeno. A menudo estas personas, cuando se hallan en la tesitura de encontrar un nuevo trabajo, se sorprenden de que sus antiguos compañeros no los recomienden y no quieran trabajar con ellos. Todos hemos vivido situaciones semejantes a lo largo de nuestra vida profesional, pues no cabe duda de que a nadie le atrae la idea de compartir sus jornadas laborales con personas insoportables, rencorosas, presuntuosas o que ejercen el maltrato con sus compañeros. Por eso, uno de los mejores consejos que se le puede dar a un trabajador es que intente llevarse bien con todo el mundo y que, en caso de conflicto, sea, a pesar de todo, respetuoso y honesto. Puede lograrse de manera espontánea, pero si el carácter de alguien se lo impide, es conveniente que haga un esfuerzo, porque nunca se sabe con quién podría encontrarse en el futuro, y quizá esa persona a la que ahora desprecia le ofrezca un trabajo, siempre que no haya vivido malas experiencias laborales en su compañía. En cualquier caso, incluso en los conflictos más duros, si se actúa con honestidad, el resultado puede ser beneficioso en el futuro.

También los entrenadores de cualquier deporte de equipo, como el fútbol o el baloncesto, saben que en un grupo en el que hay demasiadas estrellas suelen generarse muchos problemas de egos enfrentados y situaciones difíciles de manejar, que pueden acabar perjudicando al equipo y sus posibilidades. En el mundo de la empresa es célebre el caso de Enron, la compañía que presumía de reclutar a los mayores talentos. La empresa fue a la quiebra. Algunos de los empleados recordaban que el mayor problema era que había demasiados «genios». Como suele decirse, era un ejército tan mal organizado que había más mandos que tropa. En cualquier empresa y en cualquier equipo no solo hace falta gente que piense e imagine, sino también personas capaces de trabajar de manera efectiva y convertir las ideas en realidades. Además, uno de los problemas de los «genios» de Enron fue su afición a lo que eufemísticamente se llama «economía creativa», es decir, el uso de ingeniosas técnicas próximas al fraude legal, quizá creativas, pero poco éticas.

Delegar y confiar

Como hemos dicho, es evidente que en una gran empresa el departamento de Recursos Humanos facilita enormemente la tarea de buscar nuevos trabajadores, pero también es cierto, como hemos señalado al comentar la quinta regla acerca de las decisiones ágiles, que es preciso saber delegar, porque uno de los grandes problemas para quienes dirigen una empresa, un equipo o un proyecto es la incapacidad de delegar y la obsesión por controlarlo todo a todas horas, lo que denota una falta de confianza en su equipo e influye negativamente en él.

Como puede leerse en el epitafio de un empresario de éxito y gran divulgador, Dale Carnegie: «Tuve el talento suficiente como para saber rodearme de personas con más talento que yo». Esto sucede en determinadas áreas, puesto que una persona no puede ser experta en todos. El caso paradigmático de los últimos tiempos es por supuesto Steve Jobs, que no era experto en informática, pero supo encontrar grandes talentos, como Steve Wozniak.

Trucos y advertencias

No delegues las decisiones cruciales a Recursos Humanos

El departamento de Recursos Humanos es valioso, pero no puede decidir por sí mismo quién debe integrarse en un equipo. La opinión del responsable directo que conoce el trabajo, las necesidades reales y el ritmo cotidiano es esencial.

Rodéate de personas que sean mejores que tú

Un buen líder no teme el talento ajeno, sino que lo aprecia y lo potencia. Rodearte de profesionales, en algunos aspectos más capaces que tú, no disminuye tu autoridad, la fortalece. Aprender de ellos, apoyarlos y darles espacio es la forma más efectiva de hacer crecer al equipo y, con él, al propio líder. El éxito colectivo es siempre mayor que la suma de éxitos individuales.

Si lo tienes claro, sé firme

Aunque el libro destaca los logros y la sabiduría de Fan Li, la historia de su hijo nos recuerda una lección importante: cuando se percibe que una persona no está preparada para ejercer una determinada responsabilidad, ceder puede tener consecuencias graves. La firmeza bien entendida no es rigidez sino compromiso. Si la decisión es inalterable, sostenerla es una forma de proteger al equipo y evitar errores irreversibles.

OTROS CONSEJOS DE FAN LI

«Al emplear personal, hay que elegir
a los rectos; si son astutos y deshonestos,
se sufrirá por su culpa.»
(*Las 16 enseñanzas del comercio*)

«Al emplear personas, hay que elegir
a las personas íntegras. Bajo ningún concepto
elijas a las deshonestas: será difícil confiarles
cualquier responsabilidad.»
(*Las 18 reglas para hacer negocios*)

8

Debes ser persuasivo

能辩论
生财有道
阐发愚蒙

«Cuando argumentamos con elocuencia,
generamos riqueza al iluminar a quienes no saben.»

Tras la derrota frente al estado de Wu, el reino de Yue emprendió «diez años de reconstrucción y diez años de entrenamiento».

En los primeros años se aplicaron estrategias para fortalecer el país, con incentivos para la siembra de grano y el desarrollo del comercio. En la década siguiente, el esfuerzo se centró en el fortalecimiento del ejército.

Durante esas dos décadas el pueblo soportó enormes sacrificios, a pesar de algunas medidas destinadas a reforzar su fidelidad y entrega, como el estímulo de la natalidad. Los ministros elocuentes tuvieron que convencer al pueblo para que respaldara a sus gobernantes en momentos tan difíciles.

Argumentar y convencer

El 13 de mayo de 1940, Winston Churchill dio su primer discurso en la Cámara de los Comunes, poco después de asumir el cargo de primer ministro en plena Segunda Guerra Mundial. La situación era extremadamente crítica: Alemania había invadido Noruega y Dinamarca y no tardaría en lanzar su ofensiva sobre Francia, Bélgica y los Países Bajos. Gran Bretaña se hallaba prácticamente sola frente al avance de los alemanes, y el gobierno de Neville Chamberlain había perdido la confianza del Parlamento. Churchill ofreció un discurso a todo el país que comenzó con estas palabras: «No tengo nada que ofrecer sino sangre, trabajo duro, sudor y lágrimas».

En los discursos de Churchill se advierte una combinación magistral de ingenio y solemnidad, que refleja su dominio absoluto de la palabra como instrumento político y emocional. Su oratoria no solo informaba, sino que movilizaba, persuadía y reconstruía la esperanza nacional mediante el poder del lenguaje.

Este ejemplo, bien conocido por los europeos, encuentra su paralelismo en la época de Fan Li, cuando la mayoría de los ministros hicieron del discurso y la argumentación su principal medio de influencia. Filósofos, estrategas y políticos, como Li Si, que persuadió al Primer Emperador de Qin para condenar a su amigo y ministro Han Feizi, más brillante en la escritura que en la palabra, emplearon la persuasión, la sutileza retórica y la estrategia verbal como instrumentos para moldear a su conveniencia la voluntad del soberano.

No cabe duda de que el hecho de saber argumentar, de saber explicarse con claridad, es una de las virtudes más importantes para emprender cualquier comunicación social, ya se trate de empresas que venden productos o conocimiento, de directores de equipo que deben iniciar una producción audiovisual, o de maestros y profesores que desean transmitir su conocimiento a sus alumnos. Es importante también para quien tiene un negocio y está obligado a relacionarse, día tras día, con clientes, con los que debe mantener un trato directo y, muchas veces, convencerlos de las ventajas de sus productos.

Uno de los requisitos fundamentales en cualquier comunicación es ganarse la confianza del otro. Y conseguir que se disponga a escucharnos con respeto e interés. Del mismo modo que en el guion de una película, es muy importante el planteamiento, cómo empezamos, de qué manera introducimos los asuntos fundamentales.

En muchas historias, los guionistas quieren ir directamente a la parte más emocionante, a la pura acción, para despertar emociones, pero lo que consiguen es precisamente lo contrario. ¿Por qué? La razón es sencilla: no han sido capaces de transmitir a los espectadores la información suficiente para que las escenas «emocionantes» signifiquen algo para ellos. En una reunión de trabajo, la información es importante, pero raras veces se lanza sin ningún tipo de introducción o preámbulo, ya que suele considerarse una falta de educación hacia los otros, porque parece implicar que no tratamos a esas personas con el debido respeto, sino como simples máquinas con las que intercambiamos opiniones; en el extremo contrario se hallan las reuniones interminables, que todo el mundo aborrece, pero a las que casi nadie pone remedio.

A menudo se han señalado las diferencias en la manera de negociar de los chinos y los japoneses, por una parte, y de los europeos y estadounidenses por otra. En el mundo occidental, la costumbre es no hacer demasiados preámbulos, más allá de los saludos de cortesía, aunque en Estados Unidos siempre ha sido habitual un «truco» para crear un ambiente más propicio, que consiste en empezar la reunión con algún tipo de broma que rompa el hielo. El payaso español Miliki siempre utilizaba ese recurso en las reuniones y sus bromas tenían un tono amable que provocaba que los interlocutores rebajaran sus tensiones y se relajaran. Tal vez lo aprendió en su largo periplo por Estados Unidos y por la admiración que sentía por ese país, pero también podemos pensar que aquel era su carácter, porque en España es habitual emplear un tono jocoso en el ambiente laboral, aunque a veces ese buen humor esconde una crítica velada.

Naturalmente, estamos hablando de generalizaciones, sin duda injustas en muchas ocasiones, puesto que el modo de comportarse en una reunión de negocios no es un rasgo racial, étnico o nacional, sino que depende casi siempre del momento concreto, de la época histórica y de un contexto más o menos complejo.

Una prueba de que estas actitudes no son fijas es que el periodo que abarca desde 1960 hasta casi la década de 1990, los emprendedores y empresarios estadounidenses no se comportaban del mismo modo cuando hacían negocios con sus compatriotas que cuando viajaban a otros países que consideraban menos desarrollados o modernos. Su actitud era la de unos triunfadores que irrumpen en un campo de batalla, dispuestos a vencer rápidamente con dos o tres estratagemas rápidas, una oferta imbatible y quizá con alguna que otra amenaza. Por esa razón se quedaban desarmados cuando, al llegar a Japón para combatir en una de esas reuniones-batalla, eran recibidos con regalos. Naturalmente, resulta difícil mantener el ardor guerrero cuando lo primero que te encuentras es con un regalo en las manos. Esta es una técnica japonesa que pretende crear ante todo un buen ambiente entre los negociadores, ya que eso facilita que lleguen a un acuerdo, mientras que un enfrentamiento directo predispone a lo contrario, o aceptarlo a regañadientes, algo que sin duda perjudicará las negociaciones futuras. Porque hay que tener en cuenta que en una negociación a menudo lo más importante es el hecho de mantener abierta una relación que puede acabar siendo muy fructífera. Este es el objetivo fundamental del llamado *pitch* o presentación de un proyecto, una situación para la que los guionistas y creativos se entrenan duramente.

Un *pitch* exitoso no es aquel que logra deslumbrar a los interlocutores o al jurado que tiene que tomar una decisión. Eso sucede solo en algunos casos, cuando a lo que se aspira es a obtener, por ejemplo, una subvención, una ayuda o una calificación en una universidad, en cuyo caso la función del *pitch* va a ser valiosa por sí misma. Pero en la relación entre empresas, cuando hay mucho dinero de por medio y, por lo tanto, mucho riesgo, un *pitch* exitoso no es el que deslumbra, sino el que logra que los interlocutores programen una nueva reunión para seguir negociando.

En la productora de televisión Globomedia asistimos durante bastante tiempo a muchas sesiones de *pitch* y presentaciones de proyectos en las que representantes de diversos canales de televisión acudían a nuestras oficinas. Durante las reuniones todo parecía fácil: las presentaciones eran elocuentes, transmitían emociones, incluso deslumbraban a los invitados, que se despedían con grandes abrazos, admitiendo lo mucho que habían disfrutado, y con un «ya seguiremos hablando».

Pero no seguíamos hablando. No había continuación o, si la había, se limitaba a una llamada en la que el potencial cliente explicaba que, a pesar de un proyecto tan atractivo y de las muchas y fascinantes ideas que habían escuchado, no acababan de ver cómo encajaba aquel programa en su canal de televisión.

Esto nos revela que la elocuencia es un arma poderosa, pero también peligrosa. Los asistentes a aquellas presentaciones quedaban deslumbrados y disfrutaban sinceramente, pero después, cuando en la tranquilidad de sus oficinas analizaban el dossier, descubrían que lo que les había parecido una autopista hacia el éxito, en realidad era una carretera llena de baches o, al menos, colmada de dudas.

Por eso es importante recordar que un proyecto debe estar muy bien construido, y que el dosier que contiene, más allá de las fotos vistosas y las frases rimbombantes, debe ser consistente, sobre todo cuando se trata de invertir mucho dinero, porque nadie invierte alegremente. Por eso, las presentaciones brillantes son estupendas, pero el proyecto debe ser capaz de defenderse por sí mismo cuando no esté allí el elocuente vendedor.

El profesor Wee Chow Hou señala que una de las técnicas empleadas por los chinos, ha sido siempre la modestia. Comenzar disculpándose por la falta de talento, incluso hasta extremos que pueden resultar un poco ridículos, quitándose cualquier mérito, lamentándose por no haber podido dar un recibimiento adecuado o por carecer de las virtudes necesarias puede parecer una muestra de debilidad innecesaria, pero Wee explica que más que debilidad o vulnerabilidad es un gesto de respeto hacia los invitados. Además, añade, es una buena treta rebajar las expectativas, porque entonces, cuando se superen, eso siempre será un punto ganado por el anfitrión: «Esto es mucho mejor que hablar bien de ti mismo». En efecto, porque cuando alguien habla demasiado bien de sí mismo se produce el efecto contrario: tendemos a buscar defectos y a decir: «Tampoco es para tanto». Lo que podía haber sido admiración sincera por el talento ajeno se convierte en lo opuesto, ya que lo que ahora comparamos no es su talento respecto a la realidad, sino respecto a su presunción.

Sin embargo, la modestia que la mayoría de los chinos mostraron durante las primeras décadas en las que su país se abrió al mundo, es decir, a partir de los años ochenta, ya no es tan generalizada, y hoy en día, en ciertas ocasiones al menos, nos hemos encontrado con algún chino que, en vez de disculparse con humildad y de manera exagerada por todos sus defectos, lo que hace es presumir de sus virtudes y cualidades, un rasgo, hasta hace poco, más propio del presuntuoso Occidente.

La comunicación es el corazón de toda empresa, y es fundamental que la cuidemos. Saber expresarse con firmeza, con claridad y empatía, pero sin ofensas ni groserías, mediante una escucha activa y generosa es una habilidad de gran importancia en cualquier entorno laboral. Por eso, el líder debe impulsar canales de comunicación donde el pensamiento crítico y la posibilidad de expresarse en un ambiente seguro permitan que todos los miembros del equipo aporten su granito de arena. Por supuesto, todo esto debe aplicarse a las relaciones con el cliente, en las que debe imperar un trato amable. Como dice Fan Li: «Hay que recibir con amabilidad. Bajo ningún concepto te muestres irritable: los acuerdos serán pocos».[17]

Trucos y advertencias

Esconde tu juego

Un buen consejo es no mostrar todas las cartas desde el principio, sino irlas revelando a medida que la ocasión lo requiera. De este modo, transmitiremos la sensación de saber más de lo que aparentamos y despertaremos la admiración hacia alguien con talento y al mismo tiempo modesto. Para muchas personas esto resulta realmente difícil porque no soportan que los demás no elogien sus méritos, así que, cuando los otros no lo hacen, ellos mismos se encargan de hacerlo. Se trata de un comportamiento inseguro, ya que quien se elogia a sí mismo con tanto entusiasmo quizá lo haga como un mecanismo de defensa para no recibir críticas, pues pone a los demás en disposición de sentir cierta lástima por tener que pinchar ese globo de ilusión con una crítica.

Otros consejos de Fan Li

«Hay que recibir con amabilidad.
Bajo ningún concepto te muestres irritable:
los negocios serán pocos.»
«Habla con corrección y tranquilidad.
Bajo ningún concepto te dejes llevar:
así se arruinan muchos asuntos.»
(*Las 18 reglas para hacer negocios*)

9

Sé flexible con el flujo de mercancía

能办货
置货不苛
蚀本便经

«Cuando queramos gestionar o adquirir mercancías, conviene ser flexibles y no tacaños, porque incluso con pérdidas puede llegar a ser un buen negocio.»

Durante la reconstrucción de Yue, el pueblo sufrió varios años de profunda hambruna y tuvo que comprar grano al estado enemigo, Wu.

Como Fan Li había estudiado los ciclos económicos y sabía que Wu también pasaría por años de escasez, aconsejó medidas estratégicas.

Wen Zhong llevó a cabo una de ellas: tras pedir prestado grano, una vez cosechado, el rey de Yue devolvió los mejores granos, pero ya cocidos, de modo que, cuando los campesinos de Wu los plantaron, no germinaron, lo que provocó una nueva hambruna. De esta forma, se produjo una dependencia total de Wu respecto de Yue.

La cadena de suministro y distribución

Fan Li aplicaba el principio «en tiempos de sequía, compra barcos; en tiempos de inundación, compra carros». Es decir, sabía identificar el mejor momento para adquirir o almacenar. Si hay sequía, los barcos no sirven y pueden adquirirse baratos, y lo mismo sucede con los carros en tiempos de inundaciones. Pero también hay que deshacerse de la mercancía que no resulta útil en el presente y tampoco previsiblemente en el futuro, ya que la empresa o el negocio deben orientarse siempre hacia la demanda, es decir, hacia el cliente.

Para ser un buen comprador no basta con saber reaccionar a corto plazo, hace falta una mirada un poco más larga. Hay momentos en los que adquirir o almacenar parece una mala idea, porque no dará resultados inmediatos, pero precisamente ahí está la lección: no todo beneficio es inmediato, y a veces la clave está en cuánto puede resistir una empresa antes de ver flujos de caja positivos. Hay modelos de negocio, desde tecnológicas a cadenas de distribución, que crecen asumiendo pérdidas a corto plazo porque saben que lo importante es llegar preparados al momento en que el mercado cambie de ciclo. Fan Li también operaba así: comprar barato cuando nadie quiere comprar, guardar cuando nadie cree que vale la pena guardar.

Ajustes de *stock*

La empresa china de moda ultrarrápida Shein desarrolló un modelo de producción casi bajo demanda y basado en datos. Gracias al análisis masivo de datos, ha sido capaz de detectar tendencias en tiempo real y lanzar diseños muy actuales en partidas inicialmente reducidas, de entre 50 y 100 unidades. Si el producto funcionaba, se ampliaba la producción, pero, si no era así, se descartaba rápidamente. Esta estrategia reducía el riesgo de excedentes y, al mismo tiempo, permitía a la compañía añadir hasta 10.000 artículos nuevos al día.

Su sistema automatizado de prueba y reordenamiento (LATR), apoyado en algoritmos de Inteligencia Artificial, ajustaba el *stock* de manera dinámica. El resultado fue impresionante: una rotación de inventario de apenas 47 días, frente a los más de 100 días que manejaban competidores tradicionales como Zara o H&M, según datos de Contrary Research.[18]

Detrás de la eficiencia de estas compañías se esconde un uso intensivo de sistemas inteligentes de CRM (Customer Relationship Management), capaces de anticipar, casi como si leyeran la mente del consumidor, qué va a comprar y cuándo, gracias a modelos matemáticos de predicción de consumo. Parece magia, pero es pura ciencia de datos aplicada al comercio.

No obstante, este nivel de sofisticación solo está al alcance de gigantes que disponen de sistemas automatizados y una cadena de suministro global. Pero ¿y si el futuro nos lleva más allá de eso? Imaginemos un escenario de ciencia ficción, o quizá de innovación futura, donde la moda pudiera fabricarse realmente bajo demanda: cada usuario pide la prenda exacta que quiere, en la talla, color y material deseado, y la recibe en cuestión de horas gracias a fábricas flexibles y tecnologías de producción como la impresión 3D. En un mundo así no habría necesidad de producir excedentes, ni de reciclar o reutilizar, y mucho menos de enviar toneladas de ropa desechada a vertederos en el desierto de Atacama, en Chile, convertidos hoy en símbolo de la cara oculta del *fast fashion.*

Este sería el verdadero salto: un consumo radicalmente personalizado, sin desperdicios, donde la cadena de suministro se ajusta a la demanda real de cada individuo. Ciencia ficción, sí, pero también es la dirección hacia la que apunta la tecnología si se usa con cierta ética. Recordemos que la película *El hombre del traje blanco*, de Alexander Mackendrick, nos ofrece la lección contraria. El actor Alec Guinness encarna a un joven científico que inventa un tejido que jamás se gasta o se mancha, pero este avance científico acaba por convertirse en una amenaza para toda la industria, desde las lavanderías hasta las fábricas textiles, lo que provoca huelgas y manifestaciones que obligan al inventor a retirar su milagroso producto. En la década de los noventa del siglo pasado sucedió algo parecido cuando se propuso la impresión de libros bajo demanda, que podría hacerse directamente en las librerías: la reacción de la industria editorial, las imprentas y los distribuidores fue tan inmediata que se guardó la prodigiosa innovación en un cajón, a pesar del indudable beneficio que habría supuesto para autores y libreros (y quizá incluso para las editoriales).

La logística se convierte en un factor decisivo en el plan de compras. Desde la perspectiva de la gestión integral de la cadena de suministro, no basta con tener un buen producto: es esencial garantizar que llegue a tiempo al consumidor.

Una amiga nos contó su experiencia en una empresa internacional que importaba mercancías de China y Japón. Para abaratar costes, los productos se transportaban en grandes contenedores marítimos. Sin embargo, la compañía estuvo al borde de la quiebra porque, en una ocasión, la mercancía no llegó a tiempo debido a una prolongada huelga de estibadores en el puerto de destino. Este ejemplo muestra que la cadena de suministro no depende solo de la eficiencia logística, sino también de factores externos como la situación política, los conflictos sociales o el marco legal del país.

En definitiva, la gestión integral de la cadena de suministro implica prever riesgos, adaptarse a los imprevistos y diseñar estrategias flexibles que garanticen la continuidad del negocio. Desde una editorial independiente hasta una multinacional importadora, la capacidad de coordinar producción, transporte y distribución, a la vez que se evalúan los riesgos externos, es un factor clave para alcanzar el éxito y la sostenibilidad.

La salsa picante de Tao Huabi

Tao Huabi nació en 1947 en Guizhou, una de las provincias más pobres y aisladas de China, cuando el país se encontraba en una guerra civil entre comunistas y nacionalistas. La pobreza la obligó a abandonar los estudios y, después de enviudar y tener que mantener a dos hijos pequeños, tuvo que buscar un modo de sobrevivir. La necesidad que nace del hambre la llevó a montar un humilde puesto ambulante de fideos, que vendía mezclados con una salsa picante de sabor único. Muy pronto, estudiantes y transeúntes se convirtieron en asiduos de su puesto callejero, atraídos no tanto por los fideos como por aquella salsa que rezumaba el inconfundible espíritu de su tierra.

Su clientela creció hasta tal punto que, un día que iba a tomar el autobús, como hacía siempre, con su cesta de productos, el conductor terminó por negarle el acceso, pues la cesta resultaba cada vez más voluminosa. Lejos de rendirse, recorría a pie cinco kilómetros diarios cargando con su mercancía. Más tarde, aconsejó a los propietarios de un pequeño restaurante cómo mejorar sus platos con su salsa, y acabó trabajando en él, hasta que reunió la experiencia y el impulso necesarios para abrir su propio negocio. Al principio, los clientes acudían por los fideos, pero pronto lo que realmente querían era llevarse la salsa a su casa. Así fue como comenzó a venderla envasada. Sin embargo, nadie se quedaba sin probar sus fideos por falta de dinero, pues Tao daba de comer gratis a los estudiantes pobres, lo que le granjeó admiración y la convirtió en una heroína local.

Pasaron los años y en 1994, en plena transformación social y económica impulsada por las reformas de Deng Xiaoping, se construyó una autopista en la ciudad. Muchos camioneros comenzaron a detenerse en el humilde puesto de la señora Tao. Ella les regalaba salsa, sin sospechar que estaba creando un rudimentario canal de distribución que ya quisieran tener muchas empresas. Los camioneros llevaban aquel tesoro culinario a sus hogares, más allá del distrito de Nanming, en Guiyang, y pronto familiares y amigos emprendieron viajes de fin de semana para aprovisionarse de la famosa salsa picante.

Finalmente, Tao decidió abrir su propia fábrica. En 2019, su marca Laoganma compartía pedestal con TikTok, Alibaba y Huawei en el *ranking* de las cien marcas chinas más valiosas. Y no solo eso: el rostro de la señora Tao, que autentifica la etiqueta, ha cruzado fronteras y hoy se encuentra en las despensas de medio mundo.

Como toda historia de éxito, la suya también atravesó dificultades: imitadores sin escrúpulos, disputas familiares y problemas de sucesión. Sin embargo, el mayor reto no fue la competencia, sino el abastecimiento de materia prima. En 2014, un fallo en el suministro de los chiles de Guizhou, el alma del producto, obligó al hijo de Tao a sustituirlos por otros. El sabor cambió y las redes sociales chinas estallaron en quejas. Aquella sustitución fue percibida como una traición.

En China, la comida y el sabor son cuestiones de enorme importancia y están estrechamente vinculadas a su geografía. En España tenemos un ejemplo con la paella valenciana. Para sibaritas como el cineasta Edgar Neville, el secreto residía en el agua de Valencia, pésima para beber, pero con el punto calcáreo perfecto para el arroz. Con los chiles ocurre algo parecido. Los de Guizhou, menos agresivos que un habanero y más equilibrados que los de Sichuan, destacan por un picante redondo, con notas dulces y ahumadas que se deben a los suelos ácidos de la región, ricos en minerales que liberan azúcares y glutamatos. En cambio, los suelos alcalinos de Sichuan producen un picante más áspero, con un regusto metálico, que golpea al paladar de forma inmediata. Por eso la propia Tao dice: «Los chiles de Sichuan son como un grito; los nuestros, como una canción».

Aquel momento de crisis en la empresa de la señora Tao muestra cómo un error en la compra puede amenazar la esencia de un negocio. Fan Li ya lo advertía en dos de las reglas de *Las 16 enseñanzas del comercio*:

Las mercancías deben examinarse personalmente; si se aceptan sin criterio, se venderán a menor precio.

La calidad debe distinguirse con detalle. Bajo ningún concepto la descuides: las pérdidas serán considerables.

En el caso de la salsa Laoganma, los chiles no eran un ingrediente más, sino la identidad misma de la marca. Sustituirlos por una materia prima distinta fue como cambiar el corazón del producto: el *stock* estaba garantizado, pero la calidad se perdió.

No basta con tener un buen inventario, lo importante es comprar bien y mantener la identidad. En la alimentación, sustituir un ingrediente clave por otro puede destruir la confianza del consumidor. El comerciante que sobresale en las compras entiende que, aunque los costes aumenten, lo decisivo es mantener la autenticidad del producto.

Trucos y advertencias

Controla el flujo de mercancías

Sun Tzu decía que uno de los factores decisivos en la guerra era el *fa* (法), el método: saber organizarse, mantener la disciplina y controlar bien los recursos. Si llevamos esa idea del campo de batalla al mundo del comercio, la enseñanza sigue siendo sorprendentemente actual. El *fa* aplicado a los negocios consiste en comprar debidamente: leer los ciclos del mercado, cuidar el *stock*, saber cuándo vender y cuándo hay que soltar lastre y tomar decisiones sensatas según la escasez, los precios o la demanda. En el fondo, se trata de manejar los recursos con inteligencia para no quedar a merced del azar. Fan Li practicó brillantemente esta filosofía: entendió que, igual que un general vence cuando domina el terreno, un comerciante prospera cuando domina el flujo de sus mercancías.

No seas tacaño

Un consejo útil para cualquier emprendedor es entender que no todas las empresas buscan la rentabilidad inmediata. Algunas priorizan crecer primero y ganar cuota de mercado, incluso con márgenes bajos. Esta estrategia, *growth first,* exige invertir sin temor en aquello que sostiene el negocio: producto, logística, clientes. Lejos de la tacañería, estas compañías gastan donde deben, para ganar tamaño y obtener luego ventajas claras: economías de escala, mayor poder de negociación, mayor visibilidad de marca y una clientela fiel. Es el camino que siguieron gigantes como Amazon, Netflix o muchas *startups* tecnológicas, desde Uber hasta plataformas de reparto.

El tiempo del dinero

Pensemos en Mediamarkt, hoy en día integrada en el grupo chino JD. Su modelo de *hard-discount* no se basa en grandes márgenes por producto, sino en manejar con inteligencia los flujos de cobros y pagos. Este tipo de cadenas venden volúmenes enormes y suelen cobrar de inmediato a sus clientes, mientras que sus compromisos con proveedores se materializan más tarde. Ese intervalo, en el que el dinero entra antes de salir, genera una liquidez que puede emplearse para financiar la expansión sin recurrir al crédito. En estos negocios, ese desfase de flujos vale tanto como cualquier beneficio.

Mueve el inventario

La marca y las tiendas de ropa Lefties no nacieron como una idea brillante, sino como la consecuencia de un error: durante años se pensó que gestionar los excedentes a través de una red de *outlets* sería una solución. Sin embargo, el problema no era disponer de un canal para colocar lo que sobraba, sino comprar mejor para que sobrara menos. Con el tiempo, Inditex aprendió la lección y, hoy, Lefties ya no comercializa excedentes de Zara, sino que funciona como una marca independiente con su propio diseño, ritmo y producción.

El marketplace *como laboratorio, no como hogar*

Un *marketplace*, ya sea Amazon o Casa del Libro, funciona como un enorme centro comercial digital donde muchas tiendas conviven y compiten bajo un mismo techo, lo que otorga a los pequeños comercios una visibilidad que nunca tendrían por sí mismos. Una librería especializada puede subir allí su catálogo y enseguida saber qué títulos rotan, qué precios funcionan y qué interesa realmente al público. Pero ese espacio debe usarse como un laboratorio: sirve para testar demanda y mover parte del *stock*, no para construir identidad. La marca, la comunidad y la relación directa con el lector se consolidan mejor en la propia tienda; el *marketplace* amplifica, pero no sustituye.

Otros consejos de Fan Li

Cuida el almacenamiento y el producto

Fan Li decía que «no hay que despreciar el almacenamiento» (*Las 12 salvaguardas*), porque un comercio necesita reservas para responder sin sobresaltos. Es algo que nos recuerda los años en los que Jeff Bezos adquiría más y más almacenes ante la incredulidad de quienes consideraban que era una estrategia sin sentido. El éxito increíble de Amazon gracias a su capacidad de distribución rápida demostró que tenía razón. Pero Fan Li también enseñaba que un almacén no es un museo: el *stock* debe moverse y transformarse. El equilibrio está en guardar lo justo y vender lo suficiente para que la mercancía no se convierta en capital muerto.

«Las mercancías deben examinarse personalmente; si se aceptan sin criterio, se venderán a menor precio.»
(*Las 16 enseñanzas del comercio*)

«No ignores el valor real.»
(*Las 12 salvaguardas*)

Es decir, no seas ingenuo con la mercancía, porque si no distingues lo bueno de lo malo, será realmente perjudicial. Hay que cuidar el producto.

....

10

Ten sentido de la oportunidad

能知机
售贮随时
可称名哲

«Debemos ser capaces de reconocer la ocasión propicia y saber cuándo es mejor vender o almacenar, como lo haría un sabio.»

Goujian, rey de Yue, desoyó las advertencias de su sabio consejero Fan Li y lanzó un ataque temerario contra el poderoso estado de Wu.

El resultado fue catastrófico: una derrota fulminante que lo llevó, junto a su esposa, a vivir la humillación de la cautividad.

Obligado a trabajar en los establos de la corte enemiga, el monarca pasó de la gloria a la desgracia en un instante.

Su historia es un recordatorio de los peligros de la precipitación. Y también de lo importante que es esperar el momento oportuno.

El dios del momento oportuno

Este décimo principio expresa una de las ideas esenciales, que define lo que conocemos de Fan Li, tanto en su faceta de político como de empresario.

Es un concepto que en Grecia se llamó *kairós* y en Roma *occasio*. En chino clásico recibe dos nombres, uno para expresar la idea de situación oportuna, *jie* y otro que expresa el propio mecanismo del cambio, *jī*, el momento y la manera precisa en la que se aprovecha esa ocasión. Hoy en día, en el ámbito militar y estratégico, se habla del *momentum*, un término que se refiere a un instante decisivo: cuando se suelta el gatillo de la ballesta, se da la orden de ataque o se ejecuta el paso determinante.

Jie y *jī* expresan una idea fundamental en los pensadores que rechazan las fórmulas mágicas capaces de resolverlo todo, o los principios dogmáticos aplicables a cualquier situación. Hay que saber aprovechar la ocasión (*kairós*, *jie*) pero también saber actuar decididamente cuando se presenta esa ocasión (*jī* o *momentum*), es decir, hay que *saber* pero también hay que *hacer*.

A los filósofos escépticos griegos se les ha llamado *kairológicos* por seguir la idea del *kairós*. Un ejemplo es Arcesilao, quien dirigió la Academia de Platón. Sostenía que no debemos fiarnos de las apariencias, ya que muchas veces engañan; tampoco debemos creer que, cuando todo parece estar a nuestro favor, nada podrá torcerse, o que existan fórmulas válidas para toda situación imaginable. Por eso, a Arcesilao le interesaba mucho el concepto de *kairós*, la ocasión adecuada. Consideraba que hay cosas que en el momento presente son buenas, útiles y eficaces, pero que mañana dejarán de serlo, y que muchas veces una buena decisión depende no solo de los factores directamente implicados, sino también del momento elegido para llevarla a cabo.[19]

Sun Tzu consideraba que el momento oportuno es un factor absolutamente clave en cualquier conflicto. La victoria o la derrota dependen no solo de lo que decidimos hacer, sino también de cuándo decidimos hacerlo. Por eso debemos investigar y mantenernos informados acerca de nuestras propias fuerzas y de las del enemigo; observar atentamente los cambios que se producen en el cielo, es decir, en la situación climatológica, y cómo estos pueden afectar a la tierra, a los territorios que debemos atravesar o a los campos donde puede librarse la batalla. También resulta esencial la información suministrada por los espías, quienes deben comunicar cualquier novedad, por pequeña que parezca, ya que el más mínimo detalle puede cambiarlo todo.[20]

Steve Jobs entendió como pocos el valor de detectar el momento adecuado. El 9 de enero de 2007, subió al escenario de la convención Macworld de San Francisco y, con su habitual jersey negro y sus vaqueros, presentó el iPhone. Antes de desvelarlo, anunció que Apple iba a presentar «tres productos revolucionarios: un iPod, un teléfono y un comunicador de internet». Luego, con una sonrisa, reveló que los tres eran uno solo: el iPhone. Lo describió como un «producto revolucionario y mágico, cinco años por delante de cualquier otro teléfono móvil». No exageraba demasiado. Supo elegir el instante adecuado en que la tecnología, el diseño y el deseo del público estaban listos para encontrarse. Ese fue su *kairós*: el momento perfecto. Y con él no solo cambió la historia de la comunicación personal, sino también el destino de Apple, que pasó a ser una de las empresas más valiosas del mundo.

El joven maestro de contabilidad y la ocasión adecuada

Muchos empresarios, comerciantes y gestores se sorprenden al comprobar que, cuando aplican técnicas aprendidas de los grandes del oficio, no obtienen los mismos resultados. Donde aquellos alcanzaron un gran éxito, ellos fracasan. El factor diferencial, en muchas ocasiones, no es que no hayan sabido imitar lo que hicieron otros, sino que lo han hecho en un momento distinto o en una situación diferente. No han sabido elegir el *kairós*, el momento oportuno, lo que en el mundo de los negocios también se conoce como *timing*.

Como curiosidad, conviene recordar que *kairós* era un dios de la mitología griega y que, Occasio, en Roma, era una diosa. De ahí proviene el célebre dicho: «La ocasión la pintan calva», que significa que esta diosa pasa velozmente ante nosotros y, aunque lleve una larga melena que le tapa el rostro, está rapada por detrás impidiendo que se la pueda sujetar. En Grecia, el dios *Kairós* sí tenía un mechón de cabello, pero en la frente: había que atraparlo en el instante en el que se presentaba, no después de que hubiera pasado de largo.

A Ji Ran se le atribuye la autoría de *El Libro del joven maestro de contabilidad*, por lo que el historiador Sima Qian consideró el maestro de Fan Li en cuestiones económicas. Sin embargo, los expertos creen que Ji Ran probablemente no existió, ya que no aparece en ninguna otra fuente antigua y la primera biografía sobre él se escribió más de mil años después. Es probable que el libro se redactara hacia los años 250-300 a. C., mucho después de la caída del reino de Yue. Lo importante es que en este texto encontramos reflexiones muy cercanas a las máximas de Fan Li. Por ejemplo, Sima Qian resume así sus enseñanzas:

> Quien entiende la lucha debe prepararse; quien actúa en el momento oportuno debe conocer las mercancías; quien conoce las mercancías puede hablar de beneficios. En los años de excedente de grano, cómpralo en los estados donde es caro; en los años de escasez, cómpralo donde es barato. Seis años de abundancia, seis años de sequía y doce de hambruna: así se puede prever la situación del grano en todo el reino.[21]

El énfasis en la *occasio* o *kairós* muestra hasta qué punto Fan Li consideraba que el éxito económico depende no solo de qué se hace, sino, de manera especial, de cuándo se hace.

Trucos y advertencias

No basta con detectar la ocasión,
hay que saber aprovecharla

Si no queremos que la ocasión pase de largo, debemos prepararnos para actuar de manera eficaz. Sun Tzu distinguía entre la capacidad, habilidad, disposición y maestría (que incluye también los factores externos) a la que llamaba «energía potencial»[22] y el momento en el que se pone a prueba.

> El impacto de un halcón destroza a su víctima:
> es la precisión del momento.
> El buen estratega
> posee una energía potencial devastadora
> y un dominio del momento absoluto.
>
> La energía es como tensar la ballesta
> el *momentum* es como soltar el gatillo.

Otros consejos de Fan Li

«No ignores el momento oportuno.»
(*Las 12 salvaguardas*)

«Las transacciones deben hacerse a tiempo; posponerlas lleva a perder oportunidades favorables.»
(*Las 16 enseñanzas del comercio*)

11

Debes ser un líder ejemplar

能倡率
躬行以律
亲感自生

«Cuando damos ejemplo y mantenemos
la disciplina, la confianza surge por sí sola.»

Se cuenta que, tras ayudar al rey Goujian a recuperar el esplendor del estado de Yue, Fan Li decidió marcharse en silencio. Recorrió el mundo, y amasó en tres ocasiones grandes fortunas, pero, sin apego alguno, renunció a ellas.

En uno de esos momentos, mientras vivía en Qi, su fama llegó a oídos del rey, quien lo convocó a la corte para pedirle consejo. Fan Li obedeció la orden, pero percibió enseguida las suspicacias y celos del primer ministro. Sin vacilar, abandonó nuevamente su riqueza y partió en busca de otros horizontes.

Algunos lo consideran un estratega taoísta, mientras que otros lo llaman el economista ético. Quizá era, por encima de todo, un hombre sensato.

La lealtad tal como yo la entiendo se define
como «aquí no se deja tirado a nadie».

MANUEL HUERTA TERÁN

La importancia del ejemplo

Fan Li fue honrado por el hecho de que la gente lo consideraba justo. La fiabilidad viene de dentro, mientras que la justicia se establece por tus acciones.[23]

En todas las culturas existe un referente mítico, algo que imitar, lo que en mitología comparada se llama *in illo tempore*, «en aquel tiempo». La expresión se refiere a un momento legendario en el que se hicieron las cosas por primera vez, o en que se hicieron bien, por lo que, en consecuencia, debemos imitar a quienes protagonizaron esas acciones antiguas. Entre los griegos, el referente era la época de los héroes de la *Ilíada*, los lejanos tiempos de las narraciones de Homero.

Entre los chinos, cada corriente de pensamiento o escuela filosófica eligió un modelo a imitar, casi siempre inspirándose en los emperadores legendarios. Los taoístas tenían como gran referente a Shennong, el Primer Agricultor, el Señor del Mijo, que vivía de acuerdo con la naturaleza, cuando no había ciudades ni máquinas de ningún tipo, en una sociedad anarquista que no necesitaba de normas ni leyes y en la que la gente vivía de manera pacífica, porque tampoco había guerras. No obstante, también admiraban a Huangdi, el Emperador Amarillo, lo que no deja de ser paradójico porque se dice que fue quien trajo la guerra al mundo, al enfrentarse a Shennong. De la combinación de Huangdi y el sabio Lao Tse nació la escuela Huang-Lao, que combinaba las ideas legalistas con las taoístas. Ya sabemos que algunos eruditos chinos han considerado que Fan Li pertenecía a esta tendencia o escuela filosófica.

Los confucianos, por su parte, tenían como referentes al emperador Yao, a Yu el Grande y a Shun, conocidos por su gobierno virtuoso. Pero Confucio tenía un referente particular que no era un emperador mítico, sino un personaje histórico. No es que pensara que cualquier tiempo pasado fue mejor, sino que estaba convencido de ello. Ese tiempo fue el de la dinastía de los Zhou, y el modelo a imitar el duque de Zhou.

Como hemos dicho, el duque de Zhou fue el hermano del rey Wen. Cuando este murió, asumió la regencia en espera de que su sobrino Cheng fuera mayor de edad. Al contrario que otros muchos regentes, cuando el muchacho creció, el duque de Zhou le cedió el poder voluntariamente y se retiró al estado de Qi, que gobernó con sabiduría.

Confucio intentó recuperar toda la sabiduría del duque de Zhou y la de su dinastía, porque consideraba que estaba cayendo en el olvido. De este modo surgieron los llamados Cinco Libros clásicos. Entre ellos el *Libro de los cambios*, un texto oracular que se remonta a la dinastía Shang, que el primer rey de los Zhou, Wen, había reordenado.

También editó el *Libro de los documentos*, con textos históricos; el *Libro de los Ritos* y el *Libro de la poesía*, en el que seleccionó unos ciento noventa poemas de entre los cientos que se habían conservado. Por último, editó un quinto clásico, el *Libro de la música*, que no se ha conservado.

Confucio consideraba que había que recopilar toda la sabiduría de los Zhou porque pensaba que eso era lo que debíamos imitar, pero cuando el confucianismo se convirtió en la doctrina oficial del Estado, con la dinastía Han, se consideró que era más importante imitar no ya los libros de los Zhou sino los del propio Confucio, los llamados clásicos confucianos. Cuando los exámenes imperiales se implantaron en la dinastía Sui y, sobre todo, en la Tang y en la Song, estos consistían en conocer de memoria esos clásicos.

Confucio opinaba que un Estado bien gobernado era aquel en el que el príncipe se comportaba de forma ejemplar y se hacía digno de ser imitado. Según cómo se comportase el príncipe, así se comportarían a su vez los ciudadanos: si era corrupto, los ciudadanos serían corruptos, si era honrado, ellos también serían honrados. Pensaba que cada persona debía cumplir con su papel: el padre debía ser un buen padre, el hijo un buen hijo y el emperador un buen emperador. En definitiva, era preciso que el nombre se correspondiera con la función que esa persona representaba. A esto lo llamaba «la rectificación de los nombres». Cuando un príncipe no se comportaba como debía, podía ser derrocado, porque perdía el mandato del cielo.

Aunque los confucianos (pero quizá no el propio Confucio) despreciaban el comercio, Fan Li se convirtió para todos aquellos interesados en la economía y los negocios en uno de los modelos a imitar. Es cierto que apenas se ha conservado nada escrito por él, salvo fragmentos de un manual de piscicultura y algunas referencias a su vida y sus ideas en obras como el *Shiji* de Sima Qian, el *Yuejueshu* (*La gloria de Yue*) y otras crónicas históricas, pero su visión del comercio ha atravesado océanos de tiempo y ha llegado hasta nosotros. Hoy, la figura de Fan Li se estudia en algunas universidades y se le dedican programas de televisión.

La idea del ejemplo es, en definitiva, lo que nos transmite esta penúltima regla de Fan Li, que evidentemente coincide con las ideas de Confucio: debes ser un líder digno de ser imitado, alguien cuyo buen comportamiento influya en los demás. Si actúas de manera injusta o corrupta, no te sorprenda que quienes trabajan o negocian contigo sean también corruptos e ineficaces. Pero ¿qué rasgos definen a un buen líder?

En el *Guoyu* o *Discurso de los reyes* nos dan algunas claves: «Si el líder imita al Cielo será respetuoso y cuidadoso. Si es dueño de su voluntad, será recto y sincero». Entre sus virtudes están la rectitud, la fidelidad, la bondad, la equidad, la sabiduría y el valor, pero también la modestia.

Fan Li descubrió que el rey Goujian carecía de muchas de estas cualidades. Algunos dicen que lo supo mediante técnicas de adivinación, otros, que lo dedujo gracias a sus conocimientos de fisiognomía, ya que lo comparó con un pájaro, o al observar su conducta, como sus andares de lobo, pero probablemente adquirió este conocimiento durante los largos años en los que se vio obligado a convivir con el monarca durante su cautiverio en Wu.

También en el *Gai Lu*, *Gelu* o *Helu*, libro que se atribuye a Wu Zixu, el consejero de Wu y gran rival de Fan Li, nos advierte contra la extravagancia de los líderes y los que oprimen al pueblo con grandes impuestos o recurren a la fuerza. Hoy en día, las empresas aprecian cada vez más al líder que no impone sus ideas mediante la amenaza o el «ordeno y mando», sino desde la escucha atenta y la persuasión. Una persuasión que no se base en la pura razón, pero tampoco en la emoción, sino en una equilibrada combinación de ambos factores. Según la escuela Huang-Lao, el líder debe adoptar la imparcialidad (*gōng* 公) como base de su acción. También el confuciano y legalista Xunzi decía que el *junzi* o caballero ideal (podríamos decir el líder) se mantiene sereno en las situaciones de tensión y no se deja influenciar por la tentación del lucro personal ni por camarillas y habladurías.

Han Feizi, consejero del Primer Emperador, está considerado el teórico más importante del legalismo. Según él, el líder debe ser de algún modo inescrutable, debe mantener cierto misterio y ocultar sus motivos: «Si el líder revela su alegría, su conducta será menospreciada; si revela su ira, perderá su prestigio. La habilidad del líder radica en que «su mente no pueda ser conjeturada» por sus subordinados.

Si bien hay que tener en cuenta que Han Feizi se refería a los reyes, en un contexto en el que los complots y las traiciones eran habituales, en determinadas circunstancias, aunque sin llegar a tales extremos, puede ser bastante recomendable mantener una cierta discreción y controlar tanto el entusiasmo excesivo como la ira. Eso es lo que opinaba Confucio con su doctrina del Medio y la Armonía (*Zhong-Yong*): la estabilidad y el liderazgo ejemplar se consiguen situándose en un término medio (*Zhong*), alejado de las emociones desmesuradas, de la cólera y la tristeza, para alcanzar una armonía (*yong*), que permite que las pasiones se desarrollen sin sobrepasar los límites razonables. Sin duda algo en lo que estarían de acuerdo tanto Fan Li como Aristóteles, para quien las pasiones y las emociones eran, al fin y al cabo, razones. De modo que la tarea de la persona sensata consiste en moderar dichas pasiones o razones.

Trucos y advertencias

Evita utilizar a los demás para tus propios fines

> El duque de Zhou honró un principio: no intentó ascender a costa de otros.[24]

En cualquier organización, también los jefes tienen jefes, ya se llamen presidentes, CEO, COO, CMO, CIO, CTO o accionistas, o ya se trate de una institución superior de la que depende una empresa.[25]

A veces, algunos directivos utilizan a su equipo como un instrumento para escalar posiciones o llevar a cabo tareas propias. Trabajar para uno mismo puede ser legítimo, pero la gloria debe compartirse con generosidad. En muchas multinacionales y compañías con delegaciones suele verse a menudo a líderes que acumulan méritos y colaboradores que permanecen en la sombra. Un buen líder, en cambio, hace justamente lo contrario, se preocupa tanto o más de la satisfacción de su equipo que de ganar méritos, al menos si considera, como Fan Li, tan importante la ética como el éxito financiero. Como decía Confucio: «La riqueza y el provecho son ambicionados por los hombres, pero si no es posible obtenerlos por medios honestos y rectos, deben renunciar a estos bienes».[26]

Otros consejos de Fan Li

«Los que deciden deben estar tranquilos;
actuar de forma precipitada conduce
a muchos errores.»
(*Las 16 enseñanzas del comercio*)

«Quien decide debe estar sereno.
Bajo ningún concepto actúes precipitadamente:
acabarás estropeándolo todo.»
(*Las 18 reglas para hacer negocios*)

12

Debes tener visión de futuro

能远数
多寡宽紧
酌中而行

«Debemos calcular y prever a largo plazo, decidir entre el exceso y la escasez, la flexibilidad y el rigor: actuar de manera equilibrada y seguir el término medio».

Fan Li tenía un plan o estrategia para devolver a Yue al lugar que le correspondía. Pidió al rey Goujian que tuviera paciencia y mostrara humildad, ayudó con sucesivas reformas a que la economía del reino mejorara, con tácticas comerciales dominó a Wu y lo hizo dependiente del grano y la madera, planificó intrigas en la corte enemiga, enviando a la mujer más bella a seducir y distraer al rey Fuchai y ganar tiempo para la recuperación de Yue. Sobornó a ministros, fortaleció al ejército y, después de veinte largos años, atacó Wu.

Fan Li había ideado, paso a paso, una de las mayores venganzas de la historia.

Nunca es tarde para la venganza

Tras las guerras del Opio, a finales del siglo XIX y principios del XX, China se sintió profundamente humillada ante Occidente. El siglo XX fue incluso más duro: la invasión japonesa en 1937, la guerra civil entre comunistas y nacionalistas (1927 a 1949) y, ya en la etapa de la República Popular (1949), el fracaso y la hambruna provocada por el Gran Salto Adelante (1958-1961) y los años convulsos de la Revolución Cultural. Todo ello dejó al país en una situación de ruina económica y social (1966-1976). Sin embargo, tras la muerte de Mao, en 1976, con las reformas impulsadas por Deng Xiaoping y la apertura al mundo, China emprendió un proceso de reconstrucción muy similar al del estado de Yue en la época de Fan Li. Tras años de crisis y miseria supo recuperarse gracias a políticas rigurosas que estimularon el desarrollo. Del mismo modo que Yue necesitó muchos años de reconstrucción para volver a ser poderoso, China se apoyó en planes de modernización económica, educativa y tecnológica, que sentaron las bases para su posterior crecimiento.

En las décadas siguientes, no solo consolidó su economía hasta convertirse en una de las mayores potencias del mundo, sino que fortaleció su ejército e impuso, de manera sutil, relaciones de dependencia económica a otros países. De este modo pasó de la humillación y la debilidad a ocupar una posición central en el escenario internacional, repitiendo, en clave moderna, la estrategia de supervivencia y resurgimiento del estado de Yue.

La última máxima que nos deja Fan Li: «tener visión de futuro», contiene o resume algunas de las reglas anteriores: aprovechar el momento oportuno, y saber cuándo y cómo comprar. También nos recuerda que el buen comerciante sabe que administrar consiste en «manejar las cantidades: la abundancia y la escasez», o aplicar «la amplitud y la restricción». Y en cualquier situación actuar siempre «siguiendo el justo medio», es decir, vender cuando el precio es alto y acumular cuando el precio es bajo, algo que es de sentido común, aunque lo olvidemos a menudo.

El origen de esta idea se ha atribuido a Ji Ran, el supuesto maestro de Fan Li. La idea en cualquier caso es que debe planificarse una acumulación estratégica, con la intención de aprovechar los ciclos económicos. La abundancia y la escasez permiten predecir la evolución de los precios: si hay mucha cantidad de algo, el precio bajará, si hay poco, subirá. Por eso, en *El libro del joven maestro de contabilidad* se aconseja que si el producto está caro debe venderse de inmediato, como si se tratara de estiércol. Así lo recoge también el *Shiji* o *Registros históricos* del historiador Sima Qian:

> La razón de acumular radica en conservar bien los productos, sin dejar que se estanque el capital. Hay

> que intercambiar productos por otros productos. No se deben almacenar alimentos que se estropeen fácilmente. No se deben codiciar los precios altos. Analizando el exceso y la escasez se puede prever si algo será caro o barato. Cuando un bien es demasiado caro, se vuelve barato; cuando es demasiado barato, se vuelve caro. Cuando el precio es alto, véndelo como si fuera estiércol; cuando es barato, cómpralo como si fuera jade. La circulación del dinero debe fluir como el agua.

Fan Li, en su estrategia política y militar, también reconocía los patrones y regularidades de la economía y planificaba sus movimientos según los ciclos de escasez y abundancia. Una estrategia interna: esperar a que Yue se reconstruyera, y una estrategia externa: conseguir que el estado de Wu dependiera de los productos de su enemigo Yue.

Una vez que abandonó sus cargos políticos y partió al exilio voluntario, Fan Li aplicó este aprendizaje al comercio, advirtiéndonos de que es necesario tener una visión a largo plazo, en la que deben observarse atentamente los momentos de crisis y de bonanza. Es en esos momentos cuando debemos saber cómo comportarnos, diseñando planes de contingencia cuando las cosas vayan mal y planes de expansión o diversificación cuando todo marche bien. La cuestión es comprender cómo funciona el mercado y actuar mediante una buena planificación estratégica.

El control de lo ordinario

Como sabemos lo difícil que resulta mantener la estabilidad, y que siempre surgirán problemas inesperados, debemos, como nos recomienda el estratega Sun Tzu, planificar lo ordinario, es decir, todo aquello que es posible prever.

Lo dice el propio Fan Li en los *Anales de Wu y Yue*: «Sé prudente en la defensa y cuidadoso al protegerte, de este modo podrás estar preparado para lo inesperado». Así podremos enfrentarnos con más garantías a lo extraordinario, a todo aquello que no podemos prever. Como saben los buenos improvisadores, la capacidad de enfrentarse a lo desconocido mejora de manera considerable si se ha ensayado previamente todo lo que sí podemos conocer. Orson Welles decía que planificaba meticulosamente cada futuro día de rodaje, imaginando una posibilidad tras otra, y que cuando llegaba al plató hacía algo diferente, pero esa improvisación salía bien gracias a todos aquellos ensayos imaginarios.

Algunos aspectos a los que debemos prestar atención en una empresa o actividad comercial son: tener las cuentas al día, recopilar y analizar los datos disponibles y proceder con rigor en todos los temas operativos. Eso nos permitirá enfrentarnos a lo imprevisto o extraordinario con ciertas garantías, por ejemplo, a una nueva legislación que nos impida producir o distribuir nuestros productos, una pandemia o un problema inesperado en el suministro.

En *El libro del joven maestro de contabilidad* se dice que los buenos gobernantes deben preocuparse de lo esencial (*shi*) y no de lo superfluo (*mo*). Para Fan Li, el ministro Guanzi y otros muchos estrategas militares o economistas, lo esencial era el grano (*gu*), porque si hay suficiente grano para alimentar al pueblo, habrá tranquilidad interior, los soldados serán fuertes y podrán luchar con garantías de éxito contra los enemigos. No hay que olvidar que este y otros tratados tenían entre sus propósitos fundamentales la preparación para una guerra exitosa:

> La preservación del territorio depende de las murallas; la preservación de las murallas depende de las armas. La preservación de las armas depende de los hombres, y la preservación de los hombres depende del grano.[27]

Dada la importancia del grano y otros productos de la tierra, no solo los estrategas militares sino también los comerciantes deben tener un profundo conocimiento de los ciclos estacionales. En el *Guanzi*, libro atribuido al economista y ministro Guan Zhong, se explica la doctrina del *qing zhong*: si el pueblo tiene excedente de grano ('barato', *qing* 輕), el príncipe debe adquirirlo a bajo precio y almacenarlo. Pero si hay escasez y está caro ('caro', *zhong* 重), deberá distribuir las reservas a un precio alto. Este método, señala, garantiza una ganancia multiplicada por diez y estabiliza los precios.

En una empresa o en un proyecto comercial también es preciso observar, investigar y descubrir qué es lo esencial y qué lo accesorio. En ocasiones, puede parecernos esencial aquello que resulta más llamativo, como el embalaje de un producto, sin ser conscientes de que puede ser más importante garantizar las vías de suministro de la materia prima o las del trasporte y distribución, sin las cuales, un hermoso embalaje no podría llegar a su destino.

El mundo entero en zapatillas

Phil Knight era un muchacho de veinticuatro años de Oregón, que terminada la universidad y tras pasar por el ejército no sabía muy bien qué hacer con su vida. Una fría mañana de 1962 salió a correr por las calles y los bosques de Oregón y, aún sin nada concreto en la mente, pensó en dedicarse al mundo empresarial, y se dijo a sí mismo que, pasara lo que pasara, nunca se detendría:

> No importa que los demás piensen que tu idea es descabellada..., tú sigue. No te detengas. No pares hasta que llegues a tu destino. Pase lo que pase, no te detengas.

Ahora solo faltaba decidir cuál era el destino hacia el que correr, pero enseguida descubrió que lo tenía allí mismo: las zapatillas.

Al ser corredor, sabía algo sobre zapatillas de atletismo. Por mi afición al mundo empresarial, sabía que las cámaras fotográficas japonesas habían irrumpido con fuerza en el mercado de la fotografía, antes dominado por los alemanes. Y en mi tesis argumentaba que podía suceder lo mismo con el sector de las zapatillas para correr. La idea me interesó, luego me inspiró y, por último, me cautivó. ¡Parecía algo tan obvio, tan simple, tan potencialmente tremendo...!

Tras diversas peripecias, impulsado por esta visión, pero también después de estudiar a fondo el asunto, creó su primer negocio de zapatillas, y consiguió establecer una relación comercial con una marca japonesa, Onitsuka. Comenzó a vender las zapatillas Tiger de Onitsuka, pero, años después, un rival compitió con él por el mercado de Estados Unidos y se vio obligado a viajar a Japón para intentar convencer a los japoneses. Cuando el señor Onitsuka le habló en persona albergaba pocas esperanzas:

Sin el menor preámbulo, se lanzó a un largo y apasionado monólogo. Hacía algún tiempo, explicó, había tenido una visión. Un maravilloso atisbo del futuro. «Todos, en el mundo entero, llevarán calzado de deporte —explicó—. Sé que se acerca ese día.» Hizo una pausa, y miró a cada uno de los presentes que estaban alrededor de la mesa, para constatar si también ellos eran conscientes de eso. Posó la mirada en mí. Sonrió. Yo sonreí. Parpadeó dos veces. «Me recuerda usted a mí cuando era joven», dijo con voz suave.

Y como los lectores ya habrán adivinado, el señor Onitsuka, feliz de que alguien compartiera su visión de ese futuro en el que las zapatillas se convertirían en el calzado universal, mantuvo el contrato con Knight, quien, como cabe suponer, es el creador de la marca Nike. El sueño de ambos se ha cumplido.

Trucos y advertencias

Hay que saber elegir: la lógica de los trade-offs

Un buen líder no solo mira el presente, mira más lejos. Ser clarividente significa tomar decisiones que no siempre son fáciles, porque cada paso implica un *trade-off* (que puede traducirse como solución de compromiso o relación costo-beneficio): si ganas en rapidez, pierdes en precisión; si ofreces más variedad de producto, aumentan los costes y la complejidad; si cargas demasiado al equipo, disminuye el descanso y se incrementa el riesgo de error; si inviertes más en un proyecto, tendrás menos recursos para los demás. Por eso es importante medir bien tus recursos humanos y materiales.

A veces la mejor decisión no es avanzar, sino dar un paso atrás, porque insistir cuando el equipo está cansado solo conduce al desgaste. La previsión estratégica consiste precisamente en eso, en elegir con conciencia, sabiendo que no existe la decisión perfecta, sino la mejor decisión posible dadas las limitaciones. Un buen líder sabe que vive en un entorno cambiante, colmado de oportunidades que hay que aprovechar y de amenazas a las que es preciso anticiparse. La diferencia está entre quien actúa a ciegas y quien decide con una visión de futuro.

Apple es famosa por renunciar deliberadamente a lanzar decenas de productos al año. El *trade-off* es transparente: más productos, más complejidad y riesgo de errores; menos productos, más control de calidad y foco absoluto. Steve Jobs lo resumía así: «Decir que no, a veces es más importante que decir que sí».

ANEXOS
LAS OTRAS REGLAS, SALVAGUARDAS Y CONSEJOS DE FAN LI

LAS 12 SALVAGUARDAS

Fan Li nos ofrece doce defectos o advertencias que debemos evitar a toda costa:

1. No seas desdeñoso o no seas mezquino.
2. No seas indeciso.
3. No derroches.
4. No seas arrogante.
5. No caigas en la pereza.
6. No vendas con ligereza.
7. No corras tras la moda.
8. No ignores el momento oportuno.
9. No seas terco.
10. No fíes sin criterio.
11. No desprecies el almacenamiento.
12. No ignores el valor real.

Las 16 enseñanzas del comercio

Una sección del libro *El tesoro del comerciante* recoge 16 máximas sobre las enseñanzas del comercio:

1. Los negocios requieren dedicación. La pereza conduce al fracaso.
2. Hay que recibir con amabilidad a los clientes, la impaciencia y la agresividad conllevan menos ventas.
3. A la hora de establecer los precios, hay que ser claro, la ambigüedad conduce a desacuerdos.
4. Las cuentas deben ser revisadas; si hay dejadez, el capital se estanca.
5. Las mercancías deben estar bien organizadas; el desorden conduce a la pérdida.
6. El manejo de los pagos y los cobros debe hacerse con cuidado, ya que la falta de atención desencadena numerosos errores y omisiones.
7. Los plazos se acuerdan; si se retrasan, se pierde la credibilidad.
8. Ante una tarea, hay que cumplir; si se abandona el deber, el perjuicio es enorme.
9. Los gastos deben ser comedidos; el despilfarro agota los recursos.
10. Las transacciones deben hacerse a tiempo; posponerlas lleva a perder oportunidades favorables.

11. Para cobrar deudas hay que conocer a las personas; conceder créditos de forma indiscriminada conlleva perder el capital.
12. La calidad debe distinguirse con claridad; actuar con negligencia conduce a la confusión.
13. Al emplear personal, hay que elegir a los rectos; si son astutos y deshonestos, se sufrirá por su culpa.
14. Las mercancías deben examinarse de forma personal; si se aceptan sin criterio, se venderán a menor precio.
15. El dinero debe llevarse con claridad; la confusión da lugar a fraudes y problemas.
16. Los que deciden deben estar tranquilos; actuar de forma precipitada conduce a muchos errores.

Las 18 reglas para hacer negocios

Otras reglas que forman parte de la tradición de Fan Li son las 18 pautas para hacer negocios.

1. Los negocios requieren dedicación. Bajo ningún concepto seas perezoso: la pereza conduce al fracaso.
2. Los precios deben establecerse con claridad. Bajo ningún concepto seas ambiguo: la ambigüedad trae problemas.

3. Los gastos deben ser comedidos. Bajo ningún concepto despilfarres: el despilfarro agota el dinero.
4. Para cobrar deudas hay que conocer a las personas. Bajo ningún concepto prestes dinero sin criterio: perderás hasta el capital inicial.
5. Las mercancías deben examinarse personalmente. Bajo ningún concepto las aceptes sin revisar: el precio disminuirá.
6. Entradas y salidas deben hacerse con cuidado. Bajo ningún concepto actúes con negligencia: el descuido crea muchos errores.
7. Al emplear a alguien, hay que elegir a las personas íntegras. Bajo ningún concepto escojas a las deshonestas: será difícil confiarles cualquier responsabilidad.
8. La calidad debe distinguirse con detalle. Bajo ningún concepto la descuides: las pérdidas serán considerables.
9. Las mercancías deben estar bien ordenadas. Bajo ningún concepto las dejes en desorden: será difícil controlarlas.
10. Los plazos deben acordarse. Bajo ningún concepto seas descuidado: se pierde la credibilidad.
11. La compraventa debe hacerse a tiempo. Bajo ningún concepto la demores: se pierden las buenas oportunidades.

12. El dinero debe llevarse con claridad y prudencia. Bajo ningún concepto actúes con confusión: aparecerán muchos problemas.
13. Una tarea debe desempeñarse con responsabilidad. Bajo ningún concepto la delegues a la ligera: el perjuicio puede ser enorme.
14. Las cuentas deben ser revisadas. Bajo ningún concepto seas negligente: el capital se estancará.
15. Hay que recibir con amabilidad. Bajo ningún concepto te muestres irritable: los acuerdos serán pocos.
16. Quien decide debe estar sereno. Bajo ningún concepto actúes precipitadamente: acabarás estropeándolo todo.
17. El trabajo debe ser meticuloso. Bajo ningún concepto seas descuidado: acabarás produciendo cosas malas.
18. Habla con corrección y tranquilidad. Bajo ningún concepto te dejes llevar: así se arruinan muchos asuntos.

NOTAS

Primera parte. Los muchos nombres de Fan Li

1. *Fan Li licai zhifu shier faze* (范蠡理財致富十二法則), que se traduce como *Los doce principios de Fan Li para enriquecerse.* Libro que no se ha conservado y que, desde entonces, se ha intentado reescribir a partir de las 12 reglas. No es seguro que se identifique con el *Fanzi,* que parece que estaba dedicado a la estrategia militar.

2. «Registro externo del joven contable», en *La gloria de Yue* (*Yujue shu*).

3. En este texto utilizamos el término «estado» para referirnos a las entidades políticas tanto del periodo de Primaveras y Otoños como del de los Estados Combatientes. Aunque en ocasiones se emplea la palabra «reino», la historiografía suele preferir «estado», ya que refleja con mayor exactitud la estructura política de ambas épocas.

4. Véase al final del libro la cronología, desde las primeras dinastías hasta la creación de China.

5. Véase *Yuejue Shu* y el *Shiji* de Sima Qian, que ofrece una sucesión de reyes no enteramente coincidente.

6. «Registro de Fan Bo» en *Yuejue shu.*

7. Véanse las fechas de ambos pensadores: Confucio (551-479 a. C.); Fan Li (533-448 a. C.).

8. 天命 Tiānmìng, mandato del cielo.

9. El plastrón es la parte que protege el vientre de la tortuga, más plano y, por lo tanto, adecuado para escribir sobre él.

10. *La gloria de Yue* (*Yuejue shu*).

11. «Estratagemas de la época», en *Yuejue shu.*

12. «Narrativas de la virtud», en *Yuejue shu.*

13. *Shiji* («Yuewang Goujian Shijia», capítulo dedicado al rey Goujian de Yue).

14. Véase «Las nueve estratagemas», en el *Yuejue shu.*

15. «Las nueve estratagemas», en *Yuejue shu.*

16. Esta es la estratagema 31 de las 36 estratagemas chinas.

17. La historia de Yuenü se cuenta en detalle en los *Anales de Wu y Yue* (*Wu Yue Chunqiu*).

18. *Anales de Wu y Yue* (*Wu Yue Chunqiu*).

19. *Anales de Wu y Yue* (*Wu Yue Chunqiu*).

20. Véase *La gloria de Yue* (*Yuejue shu*). Los sucesores son Yuyi, Ziweng, Buweng y Wujiang. El último rey, llamado Qin, fue vencido por el reino de Chu hacia el año 330 a. C. y el estado de Yue desapareció.

21. *Anales de Wu y Yue* (*Wu Yue Chunqiu*).

22. Véase *Yuewang Goujian Shijia* (*Biografía de Goujian,* en el *Shiji* de Sima Qian). Edición de Benjamin Daniels.

23. Existe una cierta contradicción en esta declaración de Goujian, pues se supone que se usaron las nueve o las siete estrategias en la guerra con Wu.

Segunda parte. Economía y comercio en la antigua China

1. *The Inspirations of Tao Zhu-gong: Modern Business Lessons from an Ancient Past.*

2. «El libro de la almohada», en *La gloria de Yue* (*Yuejue shu*).

3. *Shiji: «Biografías de comerciantes»*; *Yuejue shu: «Jininzi»* (*«El libro del joven contable»*).

4. *Gai Lu o Helu*, libro atribuido a Wu Zixu, que habría dedicado a Helü, el padre o hermano de Fuchai de Wu.

5. *Guanzi.*

6. *Fan Li licai zhifu shier faze* 范蠡理財致富十二法則.

7. También se le atribuye el *Yangyu jing* (養魚經, *Clásico sobre la cría de peces*).

8. En el *Min Yao Shu* (*Manual esencial para la prosperidad del pueblo*) se incluye esta cita, que se atribuye a un libro escrito por Fan Li: *Tao Zhugong shu* (陶朱公術, *Habilidades de Tao Zhugong*).

9. Olivia Milburn, *La gloria de Yue* (*Yuejue shu*).

10. *Xian Qin zhuzi xinian kaobian: Un estudio cronológico de los filósofos anteriores a Qin* (Shanghái: Shang-hai shudian, 1992).

11. «Comentarios finales», en el *Yuejue shu.*

12. *Return of Inversion.*

13. No confundir con Huangdi, el Emperador Amarillo.

14. Sima Qian, *Shiji.* Véase también *Biografía de los discípulos de Zhongni* (仲尼弟子列傳).

15. *Analectas* (*Lunyu*).

16. *Lunyu.*

17. Se cuenta tanto en los libros de historia de Sima Qian (*Shiji*) como en *La gloria de Yue* (*Yueju shu*).

18. Zigong (賜), nombre de pila: Duanmu Ci.

19. «Estratagemas para la época» en *Yuejue shu.* Hay que tener en cuenta que Confucio, el maestro de Zigong, también abandonó Lu, su reino natal, por estar en desacuerdo con su soberano.

20. Sima Qian, *Shiji.*

21. *Xunzi: A Translation and Study of the Complete Works.*

Tercera parte. Las doce reglas de oro

1. *El arte de la guerra.*

2. «Performing a project premortem» (Escuela de Negocios de Harvard: <https://hbr.org/2007/09/performing-a-project-premortem>).

3. *Analectas.*

4. *Analectas.*

5. *Del espíritu de las leyes.*

6. *Analectas.*

7. Demetrio / Longino, *Sobre el estilo; Sobre lo sublime.*

8. *Diseña: Por qué la belleza es fundamental para todo.*

9. David Martínez, *Zara. Visión y estrategia de Amancio Ortega.*

10. «The relation of the perceptions of aesthetics and usability», *Proceedings of the Human Factors and Ergonomics Society Annual Meeting.*

11. «Aesthetics and apparent usability: empirically assessing cultural and methodological issues», *Proceedings of the SIGCHI Conference on Human Factors in Computing Systems*, ACM.

12. Andreas Sonderegger y Jürgen Sauer, «The influence of design aesthetics in usability testing: effects on user performance and perceived usability», *Behaviour & Information Technology.*

13. Guan Zhong, *Guanzi.*

14. *Las 16 enseñanzas del comercio.*

15. *The Inspirations of Tao Zhu-gong: Modern Business Lessons from an Ancient Past.*

16. «Review and Future Prospects of Research on Guanxi in Management», *Modern Management*, vol. 13, n.º 12.

17. *Las 18 reglas para hacer negocios.*

18. Véase <https://research.contrary.com/company/shein>.

19. Sabios, ignorantes y felices.

20. *El arte de la guerra.*

21. *Shiji.*

22. «Energía potencial.»

23. «Comentarios finales», en *Yuejue shu.*

24. «Comentarios finales», en *Yuejue shu.*

25. El significado dc csta sopa dc lctras: CEO: jcfc de operaciones (*Chief of Operations*), el que manda más; COO (*Chief Operating Officer*): director de operaciones; CTO (*Chief Tecnology Officer*): director de tecnología; CIO (*Chief Information Officer*): director de Información o IT Manager; CMO (*Chief Marketing Officer*): director de Marketing.

26. *Analectas* (*Lunyu*).

27. *Guanzi.*

CUADRO CRONOLÓGICO DE LA CIVILIZACIÓN CHINA, DESDE SUS ORÍGENES HASTA EL FIN DE LA DINASTÍA HAN

Época o Dinastía

Xia	Dinastía legendaria que en las últimas décadas solicita ser incorporada a los libros de historia.
Shang o **Yin**	Primera época histórica aceptada por todos los estudiosos.
Zhou	Tras vencer a los Shang, los Zhou dan inicio a una larga época en la que dominan todo el territorio, pero poco a poco su poder se convierte casi en simbólico y diversos reinos se disputan la hegemonía. La época Zhou se divide en dos periodos:
1046-770 a. C.	**Zhou Occidentales** En 770 a. C. una invasión bárbara obliga a los Zhou a trasladar su capital al este, de Haojing a Luoyang.
770-221 a. C.	**Zhou Orientales** Los Zhou ya no gobiernan, pero mantienen su poder nominal en el pequeño estado de Zhou. Esta época se divide en dos periodos:
770-476 a. C.	**Primaveras y Otoños** Es la época de Fan Li y las guerras de Wu y Yue. Comienza la decadencia del poder Zhou.

476-221 a. C.	**Estados Combatientes** Se producen continuos cambios fronterizos. Muchos estados se disputan la hegemonía, pero ninguno logra unificar el territorio.
Qin 221-206 a. C.	El Primer Emperador Qin Shi Huang unifica (o reunifica) todos los territorios. Ya podemos hablar de China tal como la conocemos, aunque sobre un territorio menor al actual.
Han 206 a. C. a 220	Tras acabar con la dinastía del Primer Emperador, los Han mantienen el territorio unificado y dan comienzo a la época quizá más prestigiosa de la larga historia china, que se divide en Han Occidental (206 a. C. a 9) y Han Oriental (25 a 220). Entre el año 9 y el 25 reinó Wang Mang, que, entre otras reformas, abolió la esclavitud.

BIBLIOGRAFÍA

ALHAROON, Dahlia, y Douglas J. GILLAN, «The Relation of the Perceptions of Aesthetics and Usability», en *Proceedings of the Human Factors and Ergonomics Society Annual Meeting* 64, n.º 1 (2020): 1876-1880.

Arbinger Institute, The, *Leadership and Self-Deception: Getting Out of the Box*, 3.ª ed., Oakland, CA: Berrett-Koehler Publishers, Inc., 2018.

BAUM, L. Frank, *The Art of Decorating Dry Goods Windows and Interiors*, Chicago, The Show Window Publishing Company, 1900, eBook ed., 11 de mayo de 2024.

CHAVANNES, Édouard (trad. y anot.), *Les Mémoires historiques de Se-ma Ts'ien*, vol. 4, París, Librairie d'Amérique et d'Orient Adrien Maisonneuve, 1967; edición digital de Pierre Palpant, Chicoutimi, Quebec, colección «Les Classiques des sciences sociales», 2005.

CHEN, Fucheng, 陳福成. *Da Bing Fa Jia Fan Li Yan Jiu: Shang Sheng Caishen Tao Zhu Gong Chuanqi*

大兵法家范蠡研究 商圣财神陶朱公传奇. *Estudio del Gran Estratega Militar Fan Li: la leyenda del sabio comerciante y dios de la riqueza Tao Zhugong*, editorial Wen Zhi Zhe, 2016.

CHENG, Lin, Terry PEACH, y Wang FANG (eds.), *The History of Ancient Chinese Economic Thought*, Routledge Studies in the History of Economics 162, Abingdon, Oxon, Routledge, 2014.

CHARAN, Ram, Dominic BARTON, y Dennis CAREY, *Talent Wins: The New Playbook for Putting People First*, Boston, MA, Harvard Business Review Press, 2018.

DEMETRIO, *Sobre el estilo;* LONGINO, *Sobre lo sublime*, José García López (trad.), edición digital de Titivillus.

GLENN, Joshua, y Rob WALKER, «At Home with Joshua Glenn of the Significant Objects Project», *The New York Times*, 12 de julio de 2012.

HARLEZ, C. de, «Koue-yü: Discurso de los Reinos, Primera parte», *Asian Journal* 9, vol. 2 (1893): 373-419; y 9, vol. 3 (1894): 5-91.

HUGOS, Michael H., *Essentials of Supply Chain Management*, 5.ª ed., Hoboken, NJ, John Wiley & Sons, Inc., 2024.

HUMES, James C., *The Sir Winston Method: The Five Secrets of Speaking the Language of Leadership*, Nueva York, William Morrow, 1991.

KONNIKOVA, Maria, *El gran farol: Cómo aprendí a prestar atención, dominarme y ganar*, Barcelona, Libros del Asteroide, 2021.

KOUZES, James M., y Barry Z. POSNER, *The Leadership Challenge*, 7.ª ed., Hoboken, NJ, Wiley, 2023.

L'HARIDON, Béatrice, «The Merchants in *Shiji*: An Interpretation in the Light of Later Debates», en *Views from Within, Views from Beyond: Approaches to the Shiji as an Early Work of Historiography*, 2015.

LAWLER, Edward E., III, *Talent: Making People Your Competitive Advantage*, San Francisco, CA, Jossey-Bass, 2008.

LI, Haibo, *Taoist Fan Li*, 2.ª ed. Pekín, Chemical Industry Press, 2013.

LI, Xianjie 李显杰, Feng XIAOXIAN 冯晓仙, Li RENRUI 李仁瑞, y Hou TONGJIANG 侯同江, eds., *Shang Sheng Fan Li Yan Jiu. 商圣范蠡研究. Estudio del sabio comerciante Fan Li*, Pekín, China Commercial Press, 2005.

MILBURN, Olivia, *The Glory of Yue: An Annotated Translation of the Yuejue Shu*, Leiden & Boston, Brill, 2010.

MONTAIGNE, Michel de, *Ensayos*, Barcelona, Acantilado, 2007.

MONTESQUIEU, Charles-Louis de Secondat, barón de, *Del espíritu de las leyes*, Tecnos, 2007.

MOORE, Alan, *Diseña/ Por qué la belleza es fundamental para todo*, Barcelona, Kōan, 2021.

MULLIGAN, Christopher, y Craig Taylor, *Talent Keepers: How Top Leaders Engage and Retain Their Best Performers*, Hoboken, NJ, John Wiley & Sons, 2019.

POWER, John, «"It's Just Better!" Donald J. Trump Says He Has Convinced Coca-Cola to Use Cane Sugar», *Parade*, 17 de julio de 2025.

SONDEREGGER, Andreas, y Jürgen SAUER, «The Influence of Design Aesthetics in Usability Testing: Effects on User Performance and Perceived Usability», *Behaviour & Information Technology* 29, n.º1 (2010), pp. 1-12.

SUN TZU, *El arte de la guerra*, Ana Aranda Vasserot y Daniel Tubau (eds. y trads.), Barcelona, Ariel, 2023.

TRACTINSKY, Noam, «Aesthetics and Apparent Usability: Empirically Assessing Cultural and Methodological Issues», en *Proceedings of the SIGCHI Conference on Human Factors in Computing Systems*, 115-122, Nueva York, ACM Press, 1997.

TUBAU, Daniel, *La musa en el laboratorio: Invención y creatividad para guionistas y narradores*, Barcelona, Alba Editorial, 2022.

VONNEGUT, Kurt, *Compadezcan al lector*, Barcelona, Catedral, 2021.

WEE, Chow Hou, *The Inspirations of Tao Zhu-gong: Modern Business Lessons from an Ancient Past*, Singapur, Prentice Hall PTR, 2001.

WILDE, Oscar, *De profundis*, 1905, edición digital de 17ramsor.

—, *De profundis y otros escritos de la cárcel*, Palmira Feixas, Miguel Temprano García y Olivia de Miguel (trads.), Barcelona, Penguin Random House Debolsillo, 2013.

XU, H., *Golden Rules for Business Success*, Singapur, Asiapac Books, 1999.

ZHONG, Yongsheng, *Chinese Classic Economics*, doctor Bao Qin (trad.), Reino Unido, Paths International Ltd, 2016.

ÍNDICE ANALÍTICO